LES

COLONIES FRANÇAISES

NOTICES ILLUSTRÉES

Publiées

PAR ORDRE DU SOUS-SECRÉTAIRE D'ÉTAT DES COLONIES

SOUS LA DIRECTION DE M. LOUIS HENRIQUE
Commissaire spécial de l'Exposition coloniale.

LA GUYANE

PARIS
MAISON QUANTIN
COMPAGNIE GÉNÉRALE D'IMPRESSION ET D'ÉDITION
7, rue Saint-Benoît, 7

1889

LES

COLONIES FRANCAISES

NOTICES ILLUSTRÉES

Publiées

PAR ORDRE DU SOUS-SECRÉTAIRE D'ÉTAT DES COLONIES

SOUS LA DIRECTION DE M. LOUIS HENRIQUE

Commissaire spécial de l'Exposition coloniale.

LA GUYANE

PARIS

MAISON QUANTIN

COMPAGNIE GÉNÉRALE D'IMPRESSION ET D'ÉDITION

7, rue Saint-Benoît, 7

Cette publication, conçue sur un plan absolument nouveau, est, avant tout, un ouvrage de vulgarisation, qui a pour but de faire connaître au public nos possessions d'outre-mer sous l'aspect le plus réel, le plus vivant et le plus attrayant tout à la fois.

Ce n'est ni une simple description géographique, ni un précis historique écourté, ni une banale énumération de noms et de produits, ni un recueil de chiffres, tableaux et renseignements statistiques, encore moins un plaidoyer en faveur de tel ou tel système de politique coloniale : c'est une œuvre sincère, impartiale.

C'est la description fidèle des pays lointains, mal connus et mal jugés souvent, qui forment notre domaine extérieur, la peinture exacte des habitants qui peuplent ces petites Frances disséminées à travers les Océans, une sorte d'inventaire de notre richesse coloniale.

C'est pour le colon, le commerçant, le voyageur, une source de documents précieux sur le climat, l'alimentation, l'hygiène, les prix des denrées, le taux des salaires, les genres de culture et leur production, les voies et moyens de transport, le coût des voyages : en un mot, sur tout ce qui constitue la vie économique et sociale dans chacune de nos colonies; nous signalons même ce chapitre des notices comme particulièrement nouveau.

L'ouvrage comprend cinq parties, formant chacune un volume, divisé chacun en quatre fascicules :

I. — **Colonies et protectorats de l'océan Indien.** — La Réunion. — Mayotte, les Comores, Nossi-Bé, Diego-Suarez, Sainte-Marie de Madagascar. — L'Inde française. — Suivis d'une notice sur Madagascar.

II. — **Colonies d'Amérique.** — La Martinique. — La Guadeloupe. — Saint-Pierre et Miquelon. — La Guyane.

III. — **Colonies et protectorats d'Indo-Chine.** — Cochinchine. — Cambodge. — Annam. — Tonkin.

IV. — **Colonies et protectorats de l'océan Pacifique.** — La Nouvelle-Calédonie. — Tahiti, les Iles-sous-le-Vent. — Wallis, Futuna, Kerguelen. — Suivis d'une notice sur les Nouvelles-Hébrides.

V. — **Colonies d'Afrique.** — Le Sénégal. — Le Soudan français. — Le Gabon-Congo. — La Guinée. Obock. — Suivis d'une notice sur Cheïk-Saïd.

M. Louis Henrique, commissaire spécial de l'Exposition coloniale, a été officiellement chargé par M. le Sous-Secrétaire d'État des Colonies d'élaborer le plan de l'ouvrage et d'en diriger la publication. Il a eu pour collaborateurs :

MM.	Charvein.	MM.	Baron Michel.
	Clos.		Moriceau.
	Deloncle J.-L.		Pellegrin.
	Duluc, Jean.		Raoul.
	Ébrard St-Ange.		Révoil.
	de Fonvielle.		Tréfeu.
	François.		Vérignon.

Toutes les illustrations ont été dessinées d'après nature spécialement pour cet ouvrage ; une ou plusieurs cartes dressées par M. Paul Pelet, d'après les documents les plus récents et les plus complets, accompagnent chaque monographie.

Les îles du Salut.

LA GUYANE

CHAPITRE PREMIER

Précis historique.

Français et Portugais. — Légende de l'Eldorado. — Gonzalès Pizarre. — Orellana. — Martinez. — De la Revardière. — Première expédition française. — Deuxième expédition française. — Associations commerciales. — Compagnie de Rouen. — Compagnie de Paris. — Compagnie Hollandaise. — Compagnie Colbert. — Compagnie des Indes. — Paix de Bréda. — Ducasse. — Marquis de Férolles. — Domination française. — Traité d'Utrecht. — Duc de Choiseul. — Expédition Chanvallon et Turgot. — Baron de Bessner. — Mission de M. de Malouet. — La Révolution de 1789 et l'esclavage aux colonies. — Général de Carra. — Baron de Lausset. — Catineau-Laroche. — Baron Mylius. — La supérieure des Sœurs de Saint-Joseph.

Français et Portugais. — D'anciennes traditions, répandues dans nos ports de la Manche et de la côte bretonne, attribuent à ces ports des relations commerciales avec la Guyane et le Brésil bien antérieures à la découverte qu'en fit Christophe Colomb. Et même de l'aveu de Gomara et d'autres auteurs espagnols, le grand navigateur génois aurait connu l'existence du Nouveau Monde par les révélations que lui aurait faites en mourant un pilote français, à qui il avait donné asile.

Quoi qu'il en soit de cette allégation, qui n'est pas assez confirmée, il est à peu près certain que les Portugais, dès les premiers jours de la découverte du Brésil, se trouvèrent en présence de marins français qui se livraient depuis longtemps sur les côtes au négoce avec les indigènes. Ces relations commerciales n'étaient point, il est vrai, inspirées par l'esprit de colonisation.

Nos premières tentatives d'établissement ne se produisirent qu'en 1605 sous la conduite de Villegagnon dans la baie de Rio-Janeiro, et, en 1612, dans la grande île de Maragnan, à l'embouchure des Amazones, par l'initiative des sieurs de la Revardière et du commandant de Razilly.

Elles ne réussirent pas. Les Portugais, soutenus par un gouvernement fortement colonisateur, nous chassèrent peu à peu des côtes du Brésil, nous laissant seulement les terres qui s'étendent au nord des Amazones, c'est-à-dire la Guyane ou Ouyana, comme l'appelaient les indigènes.

On désignait autrefois sous ce nom le vaste périmètre de forêts impénétrables, de marais et de savanes qui sépare les deux immenses courants de l'Orénoque et de l'Amazone, et s'étend du revers oriental de la Cordillère des Andes jusqu'à l'océan Atlantique.

Légende de l'Eldorado. — Cette contrée aurait pu rester longtemps oubliée dans sa solitude sauvage. Elle fut signalée à la convoitise des conquistadores espagnols par la légende de l'Eldorado qui attribuait à ce pays une immense et prodigieuse richesse.

Voici comment s'est formée cette légende. C'est aux pieds des Andes, au fond des épaisses forêts de Vilcabamba, qu'avaient été transportés les trésors de Quito soustraits à l'avidité de Benalcazar et ceux de Cuzco que François Pizarre, malgré sa promptitude, n'avait pu atteindre qu'en partie. Les malheureux débris de la famille des Incas s'y étaient réfugiés avec les Orejones fidèles et l'on supposait qu'ils y avaient fondé un nouvel empire du Soleil aussi riche et aussi florissant que celui qui venait de tomber si rapidement sous les coups d'une poignée d'aventuriers.

Selon la croyance générale, l'or du Pérou dont la profusion avait d'abord ébloui les imaginations des Espagnols, devait provenir de ces régions encore inconnues. Il devait s'y trouver un centre de merveilleuses richesses et des mines de métaux précieux.

L'arrivée à Tacunga d'une ambassade indienne vint confirmer cette supposition.

Elle venait probablement de la Nouvelle-Grenade pour demander en faveur de son prince, le zipe de Bogota ou le zaque de Tunja, le secours de l'Empire du Pérou. Les ambassadeurs indiens firent aux Espagnols des récits qui enflammèrent leur avidité. Ils étaient, disaient-ils, les sujets d'un roi borgne, le grand Patiti, qui régnait sur de vastes domaines situés au milieu des montagnes dans la direction du nord-est. Chaque matin, à son lever, les chambellans du monarque indien lui enduisaient le corps d'une résine odoriférante sur laquelle, à l'aide de longues sarbacanes, ils insufflaient de la poudre d'or. Le soir, en grande pompe, le grand Patiti descendait les marches de son palais et allait se plonger dans un lac sacré où ses sujets jetaient, en sacrifice, des vases d'or et des objets précieux.

Les Espagnols conclurent de ces descriptions que le pays devait contenir de grandes richesses et en surnommèrent le souverain El rey Dorado ou El Dorado, le doré.

La légende se fixa sous ce nom dans l'imagination des conquistadores espagnols.

Des expéditions sans nombre s'organisèrent pour atteindre la décevante chimère. Une des plus remarquables fut celle de Gonzalès Pizarre.

GONZALÈS PIZARRE (1536). — Nommé gouverneur à Quito, Pizarre voulut s'illustrer par quelques conquêtes. Les plaines qui s'étendent à l'est des Andes excitèrent sa cupidité par leur réputation de richesse. Pineda le premier s'y était aventuré à la recherche du grand Patiti. Il était parvenu jusqu'aux sources du Napo. Des cités magnifiques, défendues par des guerriers aux armures d'or lui étaient apparues dans le lointain. Mais sa troupe épuisée ne lui avait pas permis d'en tenter la conquête. Pizarre résolut de se rendre maître des trésors que recélaient ces régions sous le dôme impénétrable de leurs forêts vierges.

A la tête de 340 soldats et de 4,000 porteurs, il descendit la pente orientale des Andes, erra longtemps dans ces déserts sans rien découvrir de ce qu'il convoitait et enfin, après d'incroyables privations et d'inouïes souffrances, il atteignit les bords du Napo.

La troupe s'était rapidement décimée sous l'influence pernicieuse du climat, auquel venait s'ajouter la rareté des subsistances. Elle n'avançait qu'à grand'peine au milieu de ces régions où les marais sans issue succédaient aux végétations impénétrables, tantôt désertes, tantôt occupées par des peuplades barbares qui fuyaient à son approche.

Pour diminuer les difficultés de sa marche et rendre plus aisée la recherche des vivres, Pizarre résolut de construire un brigantin et de le lancer sur le Napo. Au fond de ces solitudes, sans outils, sans matériaux, sans main-d'œuvre spéciale, une pareille entreprise paraissait impossible. Mais les hommes de la troupe parvinrent à mettre en chantier une barque de dimension assez grande. Ils prirent du bois vert; des fers de leurs chevaux firent des clous; de leurs chemises ils formèrent de l'étoupe et transformèrent en goudron les résines qui abondaient dans la forêt.

Orellana. — Un équipage de 50 hommes fut aussitôt formé. Orellana, officier de confiance de Gonzalès, en eut le commandement avec mission de reconnaître le pays et de chercher des vivres. Cet officier s'abandonna résolument au courant du Napo. Mais après quelques jours de navigation il se sentit entraîné avec une violence irrésistible par les grandes eaux du Maragnon dont le cours était encore inconnu.

Oubliant son devoir, Orellana, au lieu de revenir sur ses pas comme le lui imposait l'ordre qu'il avait reçu d'attendre le gros de l'expédition, ne s'inquiéta point de la détresse du malheureux Pizarre qui ne rentra à Quito qu'après deux ans d'absence, avec quelques hommes épuisés, tristes débris de son étonnante aventure. Avec une hardiesse qui ne justifie ni sa défection ni son ingratitude, mais qu'on ne peut s'empêcher d'admirer, Orellana s'était laissé emporter par ce fleuve, le plus grand du monde, et, le premier, il en avait parcouru les rives désertes et les solitudes imposantes.

De retour en Espagne après d'interminables péripéties, il ne se contenta pas de révéler les régions immenses, à travers lesquelles sa fortune heureuse l'avait conduit. Il se prétendit le héros d'une foule d'aventures merveilleuses. Entre autres récits prodigieux, il dépeignit une république de femmes guerrières, pareilles aux peuplades fabuleuses de Thémiscyre, qui avaient, par leur hostilité, longtemps arrêté sa marche.

Mais ce qui, par dessus tout, attira l'attention de ses compatriotes et excita leur convoitise, ce fut la découverte qu'il prétendit avoir faite près du territoire des Omayanas, entre les bouches du Javari et du rio Trinidad (Yapura), d'une province appelée Machipara où les hommes portaient des vêtements et des armures d'or, et où le précieux métal était d'une abondance telle qu'on en couvrait les édifices et qu'on l'employait aux usages les plus vulgaires.

Ce récit, malgré son exagération puérile, fut adopté sans discussion. Les aventuriers espagnols qui se lançaient à la poursuite de l'El Dorado abandonnèrent désormais les hauts plateaux et les plaines qui s'étendent aux pieds des Andes pour rechercher la région nouvelle signalée par Orellana près de l'Amazone.

Martinez. — Une troisième migration devait encore déplacer le lieu du mythe du Dorado, et le rapprocher des Guyanes actuelles.

Martinez, maître d'artillerie de Diego de Ordaz, par une coupable négligence, avait laissé prendre feu aux poudres de l'expédition. Il fut condamné à mort. Sur les supplications de ses soldats, Diego modifia la peine. Il se contenta de le faire jeter dans un canot et l'abandonna sans vivres au courant de l'Orénoque. L'embarcation, emportée à la dérive, finit par échouer sur l'une des rives du fleuve. Des sauvages l'aperçurent et comme Martinez était seul, s'approchèrent avec plus d'étonnement que de défiance. L'Espagnol se mit à leurs pieds et implora leur bienveillance. On lui fit grâce de la vie, mais il fut emmené en esclavage. Les Indiens le promenèrent de ville en ville, le montrant partout comme une merveille. Ils s'arrêtèrent à Manoa, cité célèbre, dont les magnificences sont au-dessus de toute description, située au milieu d'un lac immense, la mer Blanche ou la Parime. Elle était habitée

L'Eldorado.

par un peuple d'une civilisation avancée. Dans ses rues se dressaient des bâtiments somptueux, des palais éclatants aux murailles recouvertes d'or massif, comme dans l'Eldorado d'Orellana. Les sables du rivage étaient de l'or. L'or était employé aux plus vils usages. Enfin, les cailloux qui jonchaient le sol étaient des rubis, des diamants, des saphirs d'un poids énorme et d'un éclat incomparable.

Revenu de sa captivité, Martinez fit miroiter aux yeux éblouis de ses compatriotes ces merveilles, qu'il prétendait avoir vues. Les récits du voyageur mêlaient ensemble les fables rapportées par Orellana sur la ville de Omaguas et l'histoire du lac sacré où se plongeait le grand Patiti. Aussi la soif passionnée des richesses, qui avait été le mobile des premières expéditions, se réveilla-t-elle en Espagne avec une nouvelle fureur.

Les imaginations transportèrent le mythe du Dorado du sud du rio Negro où nous l'avons laissé, sur l'emplacement du rio Branco, c'est-à-dire derrière notre Guyane, peut-être même dans les limites de son propre territoire. Si bien que Walter Raleigh, qui s'attacha avec tant d'ardeur à la poursuite de ce royaume chimérique, croyait que toutes nos rivières, le Maroni, le Mahoury, l'Oyapock sortaient du lac mystérieux; qu'elles offraient la direction la plus sûre pour atteindre la ville miraculeuse, dont les traditions de la conquête sont pleines.

Après les Espagnols et les Anglais, les Français furent attirés à leur tour par la soif des richesses vers les régions inexplorées de l'intérieur des Guyanes. Quelques hardis aventuriers cherchèrent à y prendre pied. Mais ces efforts restèrent isolés et sans retentissement. La nation française, absorbée par les guerres de religion, ne se manifestait guère au dehors que par des tentatives individuelles sans persistance et découragées au premier échec.

Le mythe de l'Eldorado qui avait enflammé les imaginations et surexcité les convoitises pendant deux siècles, s'évanouit peu à peu et les esprits s'en détournèrent progressivement. Ce n'est qu'en 1854 qu'un Indien tapouye découvrit sur les bords de l'Approuague la trace des trésors si longtemps cherchés et dévoila à la Guyane la richesse aurifère de son propre sol.

Les premières expéditions de colonisation dans la Guyane ne donnèrent que de médiocres résultats. Pour coloniser ce pays de forêts immenses, n'ayant d'autre ligne de pénétration que des rivières peu navigables; pour exploiter ses bois admirables, ses mines de toute espèce et l'innombrable variété de ses produits, il aurait fallu y attirer une population nombreuse, âpre au travail et à la fatigue. Au contraire, les premiers colons amenés sur ces rivages, en petit nombre d'ailleurs, n'y avaient été entraînés que par l'espoir d'un établissement facile, de gros bénéfices à réaliser sans effort. Ce n'étaient trop souvent ni des cultivateurs, ni des artisans, mais des gens sans aveu que l'on racolait pour ces entreprises. Leur but n'était pas de travailler, mais de jouir. Leur incapacité et leur avidité devaient les amener à demander tous les efforts que nécessitait l'exploitation des richesses naturelles au travail de l'indigène asservi ou de l'immigrant importé.

Première expédition française. — En 1612, une expédition française s'organisa dans le but de coloniser la Guyane. De la Revardière la commandait. Séduit par les grandes allures de l'Amazone où il atterrit tout d'abord, il s'établit et se fortifia dans la grande île de Maragnan, d'où les Portugais ne devaient point tarder à l'expulser.

C'est la rivière de Sinnamary qui en 1628 reçut les premiers colons arrivés à la Guyane : 26 hommes sous les ordres des sieurs Chantail et de Chambaud s'attaquèrent aux immenses forêts avec l'audacieuse pensée d'y faire leur trouée. On ignore ce qu'ils devinrent.

Deuxième expédition française. — Une seconde expédition, composée de 14 personnes venus en 1628, choisit le Counamana pour y opérer des défrichements. Le capitaine Heurtepierre avait confié ce petit groupe au commandement de son lieutenant Lafleur. Un secours de 50 hommes, conduit par un sieur Legrand, et, trois ans plus tard, un troisième groupe de 16 hommes, sous la conduite du capitaine Grégoire, vinrent renforcer l'entreprise coloniale. Cette expédition échoua par suite du nombre toujours insuffisant des hommes et du mauvais choix des points où ils devaient opérer.

En 1634, elle fut obligée de se replier sur l'île de Cayenne. Une partie choisit la côte de Remire, l'autre se fortifia sur le mont Cépérou au pied duquel devait peu à peu s'élever et grandir la ville de Cayenne.

Associations commerciales. — Comme on le voit, tous les efforts de l'initiative particulière demeurèrent impuissants. Les associations commerciales privilégiées ne réussirent pas davantage.

Compagnie de Rouen. — La première de ces associations qui groupa des capitaux dans un but de colonisation se forma à Rouen. Elle obtint de Richelieu, en 1633, le droit exclusif de commerce et de navigation dans les pays situés entre l'Orénoque et l'Amazone.

Son premier acte fut d'envoyer un détachement de colons en Guyane commandé par le capitaine Legrand. Une seconde expédition plus complète partit, plus tard, pour prendre définitivement possession des territoires acquis. Le commandement en fut confié à Poncet de Brétigny, qui était un enthousiaste, et se grisa vite de son autorité. Il arriva, le 25 novembre 1643, à l'embouchure du

Mahoury, avec deux navires portant 300 hommes, vagabonds ou gens sans aveu, amenés par lui pour peupler la Guyane. Des tentatives antérieures de colonisation, il ne restait que quelques malheureux affamés devenus à moitié sauvages.

Au lieu de coloniser, Brétigny, épris d'une vraie folie militaire, mit tous ses hommes sous les armes et leur im-

Le pataoua.

posa un régime de tyrannie absolue, Il épuisa leur activité en constructions inutiles de forts et de retranchements. La faim, les mauvais traitements exaspérèrent ce troupeau d'esclaves. Ils s'emparèrent de Brétigny et le chargèrent de fers. Mais il n'y avait parmi eux personne qui fût capable de le remplacer, et on lui rendit bientôt un pouvoir dont il ne se servit qu'avec de nouveaux et plus furieux excès.

A défaut de ses gens, ce furent les Indiens qui mirent fin à la tyrannie de Brétigny. Il fut tué dans une rencontre avec les indigènes qu'il avait attaqués et imprudemment poursuivis jusque dans l'intérieur des forêts, et tous les Européens furent massacrés avec lui ou réduits en servitude.

Deux ans plus tard, en 1645, lorsque le capitaine Laforêt arriva avec un renfort de 40 émigrants, il ne trouva que ces lamentables débris de l'expédition.

Les émigrants qu'il avait amenés s'effrayèrent à la pensée de subir le sort de ceux qui les avaient précédés et refusèrent de s'établir dans le pays. Laforêt ne put retenir auprès de lui qu'un détachement de 16 hommes et fut tué à son tour.

Compagnie de Paris. — Ces tristes résultats ne refroidirent pas l'ardeur de colonisation qui s'était emparée des esprits en France. Une nouvelle compagnie se fonda, à Paris, sous le titre de « France équinoxiale » et supplanta la Compagnie de Rouen dans tous ses droits et privilèges. Elle se composait de douze associés, qui avaient constitué un fonds de 8,000 écus (24,000 francs) et s'attribuèrent aussitôt le titre de seigneurs de la Guyane.

La Compagnie de Paris organisa une expédition de 7 ou 800 hommes, sur un pied tout militaire. Mais aucun de ceux-ci n'avait les aptitudes nécessaires pour le but qu'on se proposait, et qui exigeait moins le concours des armes que l'initiative d'ouvriers et d'agriculteurs. De plus, au moment du départ, l'abbé de Marivaux, l'âme de l'association, mourut.

N'étant plus contenus par l'autorité de leur chef, les associés furent immédiatement la proie des plus funestes rivalités. La traversée fut marquée par d'incessantes querelles de personnes qui devaient aboutir à un incident tragique. Un des associés, M. de Royville, qui avait pris le commandement de l'expédition et prétendait exercer une autorité absolue, fut poignardé dans sa cabine par ses camarades. Partis du Havre le 2 juillet 1652, les deux navires qui portaient ce nouveau groupe de colons arrivèrent à Cayenne le 30 septembre. A leur arrivée, ils trouvèrent le fort Cépérou occupé par les derniers contingents que la Compagnie de Rouen avait envoyés en hâte pour garantir ses droits antérieurs vis-à-vis de la Compagnie de Paris. Mais devant les sommations des nouveaux venus, les occupants se soumirent et s'incorporèrent à l'expédition.

Cette nouvelle entreprise tourna aussi mal que les précédentes. L'absence de solidarité entre les chefs; leurs compétitions violentes; puis l'exaspération des indigènes qu'on avait voulu réduire à l'esclavage, décimèrent d'abord les colons et les réduisirent ensuite à quitter ces rivages d'où leur impéritie les chassait bien plus que les difficultés de la colonisation.

Hollandais. — La Guyane fut abandonnée par les colonisateurs européens jusqu'aux premiers mois de 1653. Des Hollandais conduits par Spranger, ayant abordé, à cette époque, à l'île de Cayenne, n'y trouvèrent personne établi. Ils y restèrent et introduisirent, pour la première fois, la culture du sucre et de l'indigo. Le succès couronna ces efforts. La Guyane vit se fonder son commerce et s'accroître sa population. En effet, attirés par cette prospérité, les juifs expulsés du Brésil arrivèrent en grand nombre et, l'un d'eux, David Nassy, obtint bientôt le gouvernement de la colonie sous le titre de Patron-maître.

Colbert. — Après l'échec des essais de colonisation tentés par la Compagnie de Rouen et par celle de Paris, Colbert chercha pour l'expansion française une voie plus sûre. Il concéda à une nouvelle association les mêmes privilèges dont avaient été gratifiées les deux précédentes compagnies, c'est-à-dire la pleine propriété de tout le pays situé entre l'Orénoque et l'Amazone. Cette association, ayant pour directeur un maître des requêtes, de la Barre, se forma en 1663 sous le titre de « France équinoxiale », le même qu'avait pris la Compagnie de Paris.

De Prouville-Tracy, gouverneur des Antilles, enleva, sans coup férir, l'île de Cayenne aux juifs de Spranger et y installa de la Barre. Grâce à une politique habile, celui-ci contracta alliance avec les Indiens et obtint d'eux, à l'amiable, l'évacuation de l'île de Cayenne. Les colons y trouvèrent des terres défrichées et des cultures florissantes. Ils n'eurent plus qu'à suivre l'exemple des Hollandais pour assurer la prospérité de la colonie. Mais la guerre devait bientôt en arrêter l'essor.

Compagnie des Indes. — Colbert sentait de plus en plus la nécessité d'imposer une direction générale à tous les établissements fondés hors du territoire continental. Il réunit toutes nos colonies sous l'administration d'une grande compagnie dite des « Indes Occidentales » qui, par lettres patentes, reçut la propriété de toutes les îles et terres habitées par les Français dans l'Amérique méridionale.

De la Barre obtint de la nouvelle Compagnie d'être maintenu dans son gouvernement. Mais au commencement de 1666, une guerre éclata entre la France et l'Angleterre. La flotte anglaise, après avoir échoué dans toutes ses tentatives sur les Antilles, se présenta brusquement le 22 octobre devant Cayenne. Malgré une défense héroïque, les Anglais parvinrent à se rendre maîtres de l'île de Cayenne. Ils n'y restèrent pas toutefois. Après leur départ, l'abbé Morellet ramena les malheureux colons qui s'étaient réfugiés dans les bois et les travaux ne tardèrent pas à reprendre.

Paix de Bréda. — La paix de Bréda permit à de la Barre de reprendre paisiblement possession de Cayenne.

Pendant une période malheureusement trop courte, un nouvel essor se manifesta dans la prospérité de la colonie. Il devait être encore une fois arrêté par de nouveaux conflits entre les peuples de l'Europe. Les Hollandais, auxquels Louis XIV avait déclaré la guerre en 1672, se présentèrent, sous les ordres de l'amiral Binks, avec une flotte de onze vaisseaux devant l'île et, le 5 mai 1676, s'em-

Une pirogue et sa voilure.

parèrent de Cayenne par surprise, presque sans coup férir.

C'était une nouvelle fois l'occupation étrangère. Mais elle ne fut pas de longue durée, car, le 17 décembre 1676, l'amiral d'Estrées reprit possession de la colonie que les Hollandais avaient vainement fortifiée et qu'ils n'essayèrent même pas de défendre.

Rentrée sous la domination française, la Guyane partagea le sort des autres colonies. Elle fut désormais gouvernée au nom du roi et par ses officiers comme les autres provinces du royaume. Ce régime lui assura quelques années de paix et de prospérité qui furent brusquement coupées par la malheureuse tentative de Ducasse sur Surinam.

Ducasse. — Quelques flibustiers venus des mers du Sud s'étaient fixés depuis 1680 dans l'île de Cayenne et y avaient échangé leur vie d'aventures contre l'existence paisible du planteur. Ducasse, ayant relâché à Cayenne deux ans après, médita de se servir de ses anciens compagnons d'armes pour tenter une attaque contre Surinam. Il réussit en effet à les embaucher, mais l'entreprise vint échouer devant une résistance habilement combinée. Les flibustiers se rembarquèrent précipitamment, laissant à terre la plupart des colons recrutés à Cayenne qui furent faits prisonniers et envoyés aux îles françaises. Dans cette aventure, Cayenne perdit le meilleur de sa population, ce qui entraîna un nouvel arrêt de la colonisation.

Marquis de Férolles. — C'est en 1688 qu'apparaît dans l'histoire de la Guyane le marquis de Férolles. Laissé par d'Estrées aide-major de Cayenne, il fut promu major de la place et devint bientôt l'âme de la colonie.

Doué d'énergie et de persévérance, il eut la passion de dégager les frontières mal définies de la Guyane et d'attirer l'attention sur ses merveilleuses richesses.

En juin 1677, il avait été chargé par de la Barre, avec une poignée d'hommes, de chasser de la rive gauche de l'Oyapock les Hollandais qui y avaient fondé un établissement sous le nom de ville d'Orange. Dans son expédition, il avait vu les terres fertiles coupées de forêts et de savanes qui s'étendent de l'autre côté du fleuve et il avait résolu de faire respecter ce vaste territoire et de le ramener à la domination du roi.

Il y pénétra en 1688 par le Mayacavé et par la région des savanes. Les Portugais, empiétant sur nos limites, y avaient élevé trois forts, ceux d'Araguari, de Desterro et de Toheré. Ils retiraient de la forêt une quantité considérable de cacao, de vanille et de cannelle et, maîtres effectifs du pays, cherchaient à prendre possession des terres du cap Nord, en dépit des droits séculaires que la France s'attribuait jusqu'à l'Amazone.

Ce voyage donna à de Férolles une notion exacte sur ces vastes régions et sur l'intérêt qu'il y avait à n'en laisser distraire aucune parcelle.

En 1692, il entreprit de percer, à travers les bois vierges, les rivières et les marécages, un chemin lui permettant d'arriver directement aux forts portugais.

Ce gigantesque projet fut exécuté en cinq années. La route ainsi établie partait de la rivière la Comté, traversait le nœud de montagnes d'où sortaient les principaux fleuves de la Guyane et allait prendre la crique de Parou à revers.

Avec 10 officiers, 58 soldats et une centaine d'Indiens porteurs, Férolles fondit sur les Portugais et leur enleva les trois forts sans résistance. Il laissa une garnison dans la position de Macapa et ne rentra à Cayenne qu'après avoir complètement purgé ce territoire.

Traité d'Utrecht. — Aucun événement ne mérite plus d'être signalé dans l'histoire de la colonie jusqu'au traité d'Utrecht en 1713, au cours de la discussion duquel fut posée la question, depuis pendante, du « territoire contesté ». Par l'article 8 de ce traité, la France renonça à la propriété des terres du cap Nord et accepta pour limites sud de la Guyane la rivière de Japoc ou de Vincent-Pinçon. Pendant près de deux siècles, géographes et diplomates devaient agiter sans la résoudre la question de savoir quel était ce cours d'eau. Les Portugais prétendirent que seul l'Oyapock répondait à cette désignation et que leurs bornes devaient s'étendre jusqu'à cette rivière.

Le traité d'Utrecht causa parmi les colons de la Guyane

une douloureuse impression. En effet, dans le texte du traité communiqué officiellement au gouverneur par l'envoyé spécial du Portugal, le señor Joseph Dacugna Bessa, le mot d'Oyapock avait été artificieusement substitué à celui de Japoc.

Cette atteinte aux droits territoriaux de la colonie venait s'ajouter à toutes les infortunes qui depuis un siècle et demi avaient frappé la Guyane et rendu si lent et si pénible l'accroissement de sa prospérité.

Un coup plus cruel encore lui était réservé.

Le duc de Choiseul. — Les récits qu'il avait entendus sur la Guyane avaient fait impression sur l'esprit du duc de Choiseul, et il conçut le projet d'une expédition qui devait dépasser en nombre et en importance les expéditions précédentes. Il appréciait beaucoup la situation géographique de cette colonie, fort avantageuse à cette époque de navigation à voiles. De ses ports une flotte pouvait, en peu de temps, se porter sur les Antilles, soit pour défendre nos possessions, soit pour attaquer celles de l'ennemi. Il considérait donc ce point comme propice à la fondation d'un grand établissement militaire et agricole. Rien ne fut négligé pour assurer le succès de l'entreprise. La soif de l'or, l'espoir d'arriver vite à la fortune, l'exemple de la prospérité fabuleuse des colons de Saint-Domingue entraînèrent un grand nombre d'émigrants. Chacun voyait s'ouvrir devant lui les horizons enchantés d'une vie opulente et sans effort. On n'embarqua pas moins de 15,000 colons.

Le point de la côte où l'on devait fonder le premier établissement, avait été bien choisi. Kourou, situé sur la rive gauche de la rivière de ce nom, est une plage sablonneuse et boisée qui passe aujourd'hui pour une des stations les plus salubres de la colonie. Un vieux colon, M. de Préfontaine, officier réformé des troupes de la marine, avait été chargé de préparer l'emplacement et de construire les abris nécessaires. Mais il fut contrarié dans sa mission par les autorités locales qui voyaient avec inquiétude se fonder aux portes de Cayenne cette colonie indépendante et probablement rivale. L'outillage et la main-d'œuvre dont

Un carbet.

il avait besoin lui furent refusés, et lorsque les colons arrivèrent, rien n'était encore prêt.

Expédition Turgot et Chanvallon. — Deux hommes furent chargés de diriger cet essai de colonisation : M. de Turgot, marquis de Commont et frère du célèbre contrôleur général, à qui Choiseul confia la direction suprême de l'expédition avec le titre de « gouverneur général », et M. de Chanvallon, homme de loi, qui fut appelé au poste d'intendant général de la nouvelle colonie.

M. de Chanvallon. — M. de Chanvallon partit avec les premiers convois. La masse des approvisionnements destinée aux émigrants avait été débarquée à Cayenne. Tous les locaux étaient remplis. Les magasins ne suffisant plus, on avait été obligé d'abandonner une grande quantité de vivres en plein air, sous les intempéries d'un climat très humide. L'intendant se hâta de se rendre sur le lieu destiné à la colonie nouvelle, tout en regrettant d'être séparé par une distance de plus de 40 kilomètres et sans moyens de transport, du principal dépôt de ses vivres et de son matériel.

Arrivé là, il constata l'animation joyeuse et bruyante des premiers colons. Insoucieux du lendemain, ils se livraient à des jeux, ils organisaient des représentations théâtrales, pendant que de Préfontaine faisait construire, par des nègres, des abris pour la saison des pluies qui approchait.

Mais cette coupable oisiveté allait être cruellement punie. L'hiver équatorial avec ses pluies continuelles arrivait, et bientôt les émigrants se sentirent accablés par le froid et l'humidité. Les abris manquaient, et les convois que l'on ne devait envoyer qu'à intervalles réguliers, arrivaient sans discontinuer!.... Il fallut se réfugier en partie sous les arbres. Les vivres moisissaient. Des maladies ne tardèrent pas à se déclarer. Un profond découragement s'empara de tous les esprits. Ce fut alors un cri général de sauve-qui-peut, sans pouvoir fuir. La faim changea tous ces hommes en bêtes furieuses, se disputant fiévreusement un morceau de biscuit. La mort faucha sans pitié! Les cadavres se multiplièrent. De Chanvallon essaya en vain d'arrêter le désastre. Tout conspirait contre lui, l'insuffisance des moyens dont il disposait, son ignorance même du pays et les rigueurs inflexibles de la nature.

De Turgot. — Sur ces entrefaites, M. de Turgot se décida

à partir pour Cayenne. Il arriva au moment où le désastre sévissait avec le plus d'horreur. Le spectacle de tant de misères ne put pas l'arracher au sentiment de sa propre conservation. Il recula devant la nécessité de se risquer sur les sables infectés de Kourou. Mais, sans doute, il ne sentit pas sa conscience tranquille, car, n'osant point exposer sa vie pour remplir son devoir, il essaya de dégager sa responsabilité et de faire retomber tout le poids du désastre sur Chanvallon, qu'il fit d'ailleurs arrêter. Ce dernier avait lui-même perdu la tête. Le désespoir énervait sa résolution. Il s'agitait beaucoup et n'agissait pas. Il fut arraché à son commandement, pour être jeté au Mont-Saint-Michel.

M. de Turgot avait mis le comble à ses fautes en enlevant son chef à la colonie sans le remplacer au moment où une direction quelconque était le plus nécessaire. Les colons désespérés ne voyaient plus d'autre issue à leur misère que la mort ; ils s'y précipitaient avec une sorte de rage, voulant échapper le plus tôt possible à toutes ces souffrances. M. de Turgot rentra en France. Un cri d'indignation accompagna son retour. Déféré devant une commission d'enquête, il vit sa conduite flétrie comme elle le méritait. Ce jugement n'était qu'une faible satisfaction donnée à la justice.

Tous cependant ne périrent pas dans l'immense catastrophe. Quelques émigrants des derniers convois y échappèrent. Arrivés au moment où se manifestaient déjà les premiers symptômes d'épidémie, l'insuffisance des défrichements n'avait pas permis de les recevoir sur la plage encombrée de Kourou. Ils furent cantonnés aux îles du Salut, qui s'appelaient alors îlots du Diable. Ce changement de désignation fut justifié : la plupart de ceux qui trouvèrent asile dans ce groupe d'îlots furent préservés de l'épidémie. Quelques familles alsaciennes, envoyées par MM. d'Haugwitz et de Bessner, réussirent également à se garantir de la famine et de la contagion. Elles s'étaient retirées dans l'intérieur des savanes et commençaient même à prospérer.

Cette catastrophe causa en France une telle impression que la colonisation en fut arrêtée pour quelque temps.

Baron de Bessner. — Trois ans après seulement, le baron de Bessner, homme actif et remuant, conçut un nouveau projet de colonisation de la Guyane. Il se servit des mêmes moyens qu'avaient employés les premiers colonisateurs. Il vanta la fertilité, les richesses de la colonie; fit dresser des cartes où figuraient des groupes nombreux de population, des mines d'or et d'argent, et soutint que le désastre de Turgot avait eu pour seules causes le défaut de plan et l'inhabileté de direction. Si M. de Choiseul avait suivi ses conseils, le malheur eût été conjuré. Bessner annonça qu'il allait reprendre l'œuvre manquée avec de nouveaux moyens, en réunissant 200,000 Indiens et 20,000 esclaves fugitifs de la Guyane hollandaise tout disposés à devenir des cultivateurs; il promit un avenir merveilleux à ceux qui voudraient participer à cette nouvelle entreprise et publia des mémoires qui produisirent sur les esprits une impression des plus vives.

Mission de Malouet. — Mais M. de Sartines, ministre de la marine, restait incrédule. Il envoya M. de Malouet, commissaire général de la marine, s'assurer, *de visu*, de la possibilité de réaliser les projets du baron de Bessner. Arrivé dans la colonie, le nouvel ordonnateur reconnut vite combien ils étaient chimériques. Il aurait été impossible de rencontrer plus de 10,000 Indiens dans l'intérieur, distribués en villages de vingt à cinquante familles et les nègres fugitifs se réduisaient à 5 ou 600 hommes!

Quand la mission de Malouet n'aurait eu pour résultat que d'empêcher quelque nouvelle folie colonisatrice, elle aurait été déjà digne d'intérêt. Mais Malouet fit plus : à côté de la Guyane française, qui végétait misérablement, la Guyane hollandaise acquérait chaque jour une importance productive plus grande. Il eut la pensée, simple et juste, d'étudier les procédés économiques de cette dernière colonie

Saut de l'Oyapock.

pour les appliquer à la nôtre. Grâce à son esprit de suite et à son énergique volonté, il aurait certainement tiré la Guyane du marasme où elle se débattait si le mauvais état de sa santé et l'opposition sourde qu'il rencontrait dans ses projets ne l'avaient obligé à rentrer en France. Il fut aidé dans son œuvre par Guisan, un ingénieur suisse que le gouvernement hollandais autorisa à passer au service de la France. C'est celui-ci qui initia nos colons à la culture des terres basses, qui dessécha les environs de Cayenne et constata la fécondité exceptionnelle de toutes ces plages noyées où les alluvions superposent sans cesse leurs couches fertiles.

Ce fut une véritable révolution dans les méthodes agricoles. Les heureux effets s'en faisaient encore sentir à l'heure où la Guyane, dévoyée par la découverte de l'or, abandonna la culture pour le travail plus lucratif mais plus aléatoire des mines.

Après le départ de Malouet, le baron de Bessner réussit à reprendre son ancienne influence sur les esprits et à faire triompher ses vues. Il fut nommé gouverneur de la colonie. Jamais carrière plus libre ne fut ouverte devant un homme pour la réalisation de ses idées. A l'œuvre, on put constater l'incapacité de ce grand faiseur de projets.

Bessner échoua misérablement, et blâmé par le ministre des colonies, il mourut au bout d'un an, peut-être empoisonné. Il n'osait plus se montrer devant ceux qu'il avait bernés avec de si belles promesses.

La Révolution de 1789 et l'esclavage. — La Révolution de 1789 éclata, dans ces circonstances. A ce moment, trois races étaient en présence dans la société coloniale : les Européens, les Indiens autochtones, les Noirs transplantés de la côte d'Afrique. Il y avait trois classes : les maîtres, les affranchis et les esclaves. Ce groupement social n'était pas sans analogie avec celui de la métropole. Les Européens constituaient une sorte d'aristocratie à deux degrés : les grands Blancs, propriétaires sucriers ; les petits Blancs, commerçants, petits propriétaires ou prolétaires. Les affranchis se rapprochaient du tiers état et les esclaves pouvaient être comparés aux serfs que la nuit du 4 août venait à peine d'émanciper.

Comme dans les autres colonies, les dissensions prirent naissance entre les deux fractions de l'aristocratie coloniale. Par la loi du 9 avril 1790, les droits politiques avaient été concédés sans distinction de race à toutes les personnes âgés de vingt-cinq ans accomplis, propriétaires d'immeubles ou autrement possessionnés. Les petits Blancs, en grand nombre prolétaires, étaient exclus du vote. Par une contradiction assez bizarre, ils protestèrent d'un côté contre le privilège accordé à la propriété, de l'autre contre la participation des affranchis possessionnés aux droits politiques.

Les premières années de la Révolution se passèrent dans ces stériles querelles. Guyot, le commissaire extraordinaire envoyé par l'Assemblée nationale, ne sut point s'orienter au milieu de ces intérêts contraires et fut rappelé. Jannot Oudin, qui le remplaça, montra plus de décision. Il promulgua, en Guyane, le décret de la Convention qui abolissait l'esclavage (5 janvier 1794).

En France, l'apparition de la liberté avait été le signal de terribles représailles contre les châteaux et les seigneurs. Dans les colonies, l'esclave rejeta sans colère son ancien joug, se contentant de fuir les sombres ateliers où il avait si longtemps vécu sous le fouet. Que pouvait-il ? rester attaché à l'ancienne glèbe ? Le maître ne voulait plus le nourrir et n'avait pas l'épargne suffisante pour payer désormais des salaires. Jannot Oudin finit par céder aux récriminations de l'aristocratie locale réunie en conseil colonial. Il crut la colonie perdue si la grande propriété, la propriété sucrière, n'était pas relevée. Il organisa alors le régime de travail — qui était un esclavage déguisé — par lequel toute la main-d'œuvre retombait sous le joug discrétionnaire des possesseurs du sol. Une vive résistance se produisit et il fallut recourir aux supplices. Mais la réaction s'affirmait de jour en jour avec plus de violence. Elle imposa même aux noirs l'obligation de mettre en rapport des domaines que les maîtres eux-mêmes avaient piteusement abandonnés. Le retour à l'ancien état de choses n'était déjà plus dissimulé. Le coup de force du 18 brumaire vint enlever aux noirs une liberté qui n'était plus que nominale, et les ramener à leur ancienne servitude.

Mais avant de prendre cette décision qui devait reculer de 46 ans l'affranchissement définitif des noirs, le gouvernement consulaire chargea Victor Hugues, l'ancien proconsul de la Guadeloupe, de prendre le gouvernement de la Guyane. Celui-ci administra le pays avec ses allures de despote libéral faisant tout plier sous une volonté de fer. Le régime du travail fut appliqué d'une façon inquisitoriale et l'esclave qui n'avait fait qu'entrevoir la liberté se vit rattaché plus durement à sa chaîne de misère et de souffrance.

L'énergie facile que Victor Hugues déploya contre des êtres sans défense lui fit défaut lorsque l'ennemi se présenta devant Cayenne. Depuis 1794, les Portugais avaient fait diverses tentatives de débarquement sur la côte dans un but de pillage plutôt que de conquête. Leur flotte plus forte reparut devant l'île de Cayenne en janvier 1809. Elle portait 500 hommes de troupe et était accompagnée d'une seule corvette anglaise. Devant cette force d'attaque peu redoutable, Victor Hugues capitula le 12 du même mois, sans avoir essayé de défendre la colonie qui lui était confiée. La Guyane ne rentra dans le domaine colonial de la France que par les traités de 1814-1815. Mais les désastres qui avaient signalé la chute de l'Empire et la désorientation générale qui troublait les esprits ne permirent d'en reprendre possession qu'en 1818. La colonie avait passé en réalité huit ans sous la domination étrangère.

Général Carra. — Le général Carra Saint-Eyre, qui, après l'évacuation, occupa le gouvernement de la colonie, reprit la série des tentatives infructueuses de colonisation toujours suivies des mêmes échecs. Il essaya en vain d'introduire la culture du thé à l'aide de Chinois recrutés à Manille, manœuvres que l'on prenait pour des cultivateurs. Presque tous périrent sans avoir réussi à doter la Guyane de cette précieuse culture.

Baron de Lausset. — Son successeur, le baron de Lausset, esprit inquiet mais juste, essaya de réhabiliter les rives du Kourou. Il groupa sur les bords de cette rivière, à Passoura, une petite colonie, à laquelle il donna le nom de Laussadelphie. Le plan qu'il avait conçu n'était pas mauvais, mais le recrutement des émigrants fut absolument défectueux et il fallut renvoyer ceux qui avaient survécu après quelques mois seulement de séjour.

Indiens Oyampis.

Catineau-Laroche. — A ce moment un homme à projets, Catineau-Laroche, conçut à son tour un plan de colonisation de la Guyane. Il n'y était cependant jamais venu. Reprenant les idées du duc de Choiseul, il voulait recourir aux travailleurs européens pour exploiter la colonie. Le baron du Portal adopta ses idées et le nouveau colonisateur improvisé fut dépêché vers ce pays qu'il prétendait rendre à la richesse et à la prospérité. Le gouverneur de Lausset, qui venait d'expérimenter par lui-même les difficultés de la colonisation guyanaise, opposa une sourde hostilité aux projets de Catineau-Laroche. La réussite lui en paraissait plus que problématique.

BARON MYLIUS. — Il fut remplacé par le baron Mylius, qui parut vouloir encourager la nouvelle tentative. La rivière de Mana fut l'emplacement choisi. Les débuts de l'établissement, composé de militaires et d'orphelines, parurent satisfaisants. Mais bientôt la paresse, le libertinage et l'ivrognerie perdirent les colons, et il fallut disperser la colonie nouvelle qui avait pris le nom de Nouvelle-Angoulême.

Quelques familles alsaciennes venues pour la remplacer, se maintinrent dans de bonnes conditions, étendant leurs défrichements et agrandissant leurs cultures, tant qu'elles restèrent sous la direction du capitaine de gendarmerie Gerbert et que la ration alimentaire leur fut allouée. Mais après le départ de cet officier et le retrait des vivres, les travaux des champs cessèrent brusquement. L'on vit les colons abandonner leurs exploitations agricoles, quoique très florissantes, se livrer à la chasse et à la pêche, deux industries hasardeuses et rétrogrades, ouvrir des cantines, devenir débitants de boissons fermentées, borner en un mot leur industrie à l'approvisionnement journalier des agents officiels que l'État entretenait précisément pour diriger la colonisation.

LA SUPÉRIEURE DES SŒURS DE SAINT-JOSEPH. — Mme Javouhey, supérieure des Sœurs de Saint-Joseph de Cluny, obtint de M. de Chabrol d'aller à la Nouvelle-Angoulême recueillir les débris de ce naufrage. Elle se proposait d'utiliser l'entreprise, de créer dans la Mana des groupes d'établissements servant d'asile aux enfants trouvés, lesquels, plus tard, deviendraient les éléments naturels d'une colonisation extensive.

Elle prit possession, en avril 1828, de sa concession avec un contingent de 36 sœurs et de 39 cultivateurs engagés *pour trois ans.* L'élève de bestiaux, l'exploitation des bois, les cultures vivrières, tel fut le cercle de travaux dans lequel la petite colonie se renferma. Mais le régime claustral qui leur était imposé ne devait pas plaire à des hommes libres et, d'ailleurs, ne favorisait pas le travail productif. En 1831, les engagements des cultivateurs prenaient fin. Ils abandonnèrent Mme Javouhey. C'est à l'aide des noirs qu'elle reconstitua son œuvre, le gouvernement lui ayant abandonné les esclaves libérés en vertu de la loi du 4 mars 1831. Cinq cent cinquante anciens esclaves noirs furent réunis sous sa direction. Elle était chargée de les initier par le travail à la liberté. Ainsi se fonda le bourg de Mana, devenu un des plus populeux de la colonie.

SUPPRESSION DE LA TRAITE; ABOLITION DE L'ESCLAVAGE EN 1848. — Sans abolir absolument l'esclavage, le gouvernement de 1830 avait supprimé la traite. L'impuissance ou la mauvaise volonté des possesseurs du sol à organiser le remplacement progressif de l'esclave par le travailleur libre aggravait chaque jour l'état de gêne et de misère de la colonie.

La révolution de 1848 décréta l'abolition de l'esclavage. La mesure était définitive, mais la réaction n'avait pas dit son dernier mot. La grande propriété, abandonnée faute de pouvoir payer les salaires, se montrait jalouse des efforts des travailleurs émancipés. On voulut presque empêcher leur établissement dans les terres vacantes en frappant les mutations immobilières d'un impôt progressif en raison inverse de l'étendue des terres. On ferma les écoles dans les campagnes, mais aucune de ces mesures ne ramena ces hommes à leur ancien joug. La culture était désertée pour toujours; l'introduction de l'élément pénitentiaire, commencée en 1852 et qui allait essayer de remplacer par des transportés les bras que l'émancipation avait enlevés au travail, n'y a pas réussi; la découverte de l'or en 1856 devait achever l'arrêt presque complet de tout mouvement agricole, industriel et commercial, en précipitant vers les placers les rares travailleurs que l'on pouvait encore se procurer.

La transportation a la Guyane. — Avant d'être choisie par le second Empire comme lieu de transportation, la Guyane avait été dès 1795 désignée pour recevoir les députés déportés par la Convention, Vadier, Barrère, Collot d'Herbois et Billaud-Varennes. Les deux premiers s'échappèrent. Collot d'Herbois mourut au bout d'un an, emporté par les fièvres contractées dès son débarquement. Billaud était encore là quand le 18 fructidor envoya un nouveau contingent de déportés. Du 18 fructidor au 18 brumaire, la déportation devenait l'instrument préféré du Directoire. Carnot, Barthélemy, Tronçon-Ducoudray, Pichegru, 53 députés, 516 personnes appartenant à toutes les classes de la société s'y virent condamnés. 330 seulement furent dirigés sur la Guyane et débarqués sans secours, presque sans vivres sur les bords du Sinnamary, du Kourou et de la Counamana, après une traversée où les mauvais traitements ne leur furent pas épargnés. Dans ces conditions, il n'est pas surprenant que plus de la moitié de ces infortunés n'aient pu résister à un sort si misérable. Mais cette page de son histoire n'était pas faite pour atténuer la réputation déplorable que l'avortement de tant d'entreprises avait déjà faite à la Guyane et lorsqu'en juillet 1851 la commission chargée de désigner un lieu de transportation porta son choix sur la Guyane, on ne craignit pas d'écrire « qu'elle avait trouvé un moyen honnête de se débarrasser des condamnés ».

La commission définissait en ces termes le but qu'elle se proposait : « Six mille condamnés renfermés dans nos bagnes de Toulon, de Brest, de Rochefort grèvent notre budget d'une charge énorme, se dépravent de plus en plus et menacent incessamment la société; il semble possible de rendre la peine des travaux forcés plus efficace, plus moralisatrice, moins dispendieuse et en même temps plus humaine, en l'utilisant aux progrès de la colonisation française. »

Les événements de décembre 1851 vinrent interrompre l'élaboration de la loi sur la transportation.

Un décret du 8 décembre autorisait la transportation à la Guyane ou en Algérie de tout individu placé sous la surveillance de la haute police, en rupture de ban ou affilié à une société secrète.

Le 27 mars 1852, un nouveau décret permit aux condamnés subissant leur peine dans les bagnes de France de demander leur transfert à Cayenne.

Un autre décret en date du 20 août 1853 autorisait la transportation à la Guyane des individus de race africaine ou asiatique condamnés aux travaux forcés ou à la détention.

Enfin la loi du 30 mai 1854 vint réglementer d'une façon définitive les pénitenciers coloniaux. L'article 6 décidait que tout condamné à une peine inférieure à huit ans serait tenu de résider dans la colonie, après sa libération, pendant un temps égal à la durée de sa peine; une condamnation à huit années et au-dessus entraînait pour le transporté l'obligation de séjourner toute sa vie dans la colonie.

L'histoire de l'administration pénitentiaire à la Guyane trouvera sa place au chapitre III.

Découverte de l'or. — Il ne reste plus d'autre fait saillant à rapporter dans l'histoire de la Guyane que la découverte de l'or.

Le savant Humboldt affirmait la présence en Guyane de terrains aurifères; il basait son opinion sur la similitude de la constitution du sol de ce pays avec celles des contrées voisines. Ces riches trésors, convoités par tous ceux qui s'étaient naguère lancés à la recherche de l'Eldorado, ils les avaient foulés aux pieds sans les voir.

En 1853, des Brésiliens vinrent s'établir sur les bords de l'Approuague; l'un d'eux, nommé Paolino, frappé de la similitude des terrains avoisinant les criques avec ceux d'où il avait vu extraire l'or dans son pays fit quelques lavages à l'aide d'un *couy* — coupe profonde taillée dans une calebasse; ses essais lui donnèrent des parcelles d'or. Paolino communiqua aussitôt le résultat de sa découverte à M. Félix Couy, commandant du quartier; celui-ci se mit aussitôt, accompagné par le Brésilien, à la recherche d'un gisement qui valut la peine d'être exploité. Peu de temps après, la présence de l'or dans les terrains de la Guyane française était officiellement constatée. La découverte ne profita pas à ses auteurs : Paolino mourut à l'hôpital, soigné aux frais de la ville de Cayenne et M. Félix Couy périt assassiné.

C'est sur les bords de la crique de Sickoury que s'est fondé le premier placer; d'autres gisements furent découverts dans l'Approuague en 1855. En 1882, on comptait tant dans ces quartiers que dans la section de Kaw, dans celle de Sinnamary et sur les bords de la Mana et la rive droite du Maroni de nombreux placers, soit en pleine activité, soit en cours d'exploitation.

Le rocher du Connétable.

CHAPITRE II

Géographie.

Bornes. — Étendue. — Géologie. — Montagnes. — Minéraux. — Nature des terres : terres basses, terres moyennes, terres hautes. — Cours d'eau, fleuves, bassins, chutes d'eau. — Races.

BORNES. — C'est entre le 8e degré de latitude septentrionale et le 4e de latitude méridionale que s'étend la vaste contrée que les Indiens dans leur langue harmonieuse appelaient Ouyana.

ÉTENDUE. — A l'origine, elle était bornée au nord par l'Orénoque, au sud par l'Amazone. Ses immenses limites se développaient de l'océan Atlantique jusqu'au pied de la Cordillère des Andes[1]. Sa superficie n'était pas moindre de 82,000 lieues carrées.

Cette aire, d'une si prodigieuse étendue, ne présentait qu'une forêt impénétrable et sans fin, coupée de quelques savanes, de vastes marais et arrosée d'une multitude de rivières. Tel était son énorme périmètre quand les conquistadores s'élancèrent à la conquête décevante de l'Eldorado.

Depuis longtemps cette unité de territoire n'existe plus. Des nations différentes se sont partagé ce vaste empire désert et chacune a imposé un nom de son choix à la région dont elle avait fait la conquête ou qu'elle essayait de coloniser. Trois grandes divisions ont seules conservé le nom de Guyane. Ce sont, à partir du nord-ouest : la Guyane anglaise, la Guyane néerlandaise et la Guyane française. Nous n'avons à nous occuper que de cette dernière. Elle est encore sous le régime climatérique des vastes forêts qui couvrent son sol, et du réseau compliqué de rivières qui l'arrosent.

Géologie. — La vallée de l'Amazone à laquelle se rattache la formation géologique de la Guyane constituait primitivement un long détroit resserré entre deux lambeaux de continents, dont le plateau de la Guyane au nord et le plateau du Brésil au sud reproduisent les anciens linéaments. Les Andes n'existaient pas encore et l'Océan circulait sans obstacle de l'est à l'ouest entre les terres élevées de ces deux grandes îles continentales.

A une époque postérieure eut lieu le soulèvement des Andes qui vint fermer le détroit à l'ouest et le transformer en un golfe tourné vers l'orient et préparer l'énorme thal-

1. Voir les chartes de compagnies octroyées par Louis XIII et Louis XIV.

weg où devaient plus tard se réunir les eaux du grand fleuve.

Ce qui frappe dans cette formation, c'est la similitude remarquable qui existe entre les continents jumeaux de l'Amérique du Nord et l'Amérique du Sud, entre la vallée de l'Amazone et la vallée du Saint-Laurent.

Un chercheur d'or.

MONTAGNES. — Cette similitude se manifeste aussi clairement et avec autant de relief entre les montagnes Rocheuses de l'Amérique du Nord et la Cordillère des Andes ; entre les élévations intérieures : la chaîne canadienne, les montagnes Blanches, les *Alleghanys*, et celles de l'Amérique du Sud : les plateaux de la Guyane et ceux du Brésil. Entre ces massifs coulent dans la même direction l'Amazone et le Saint-Laurent, l'un alimenté par le plus large système de rivière qu'il y ait au monde, l'autre par ses lacs formant la plus immense étendue de nappes d'eau douce en contiguïté immédiate. Et pour compléter la ressemblance de ces deux bassins, dans les assises de leurs grandes chaînes de montagnes et de leurs plateaux à dépressions intermédiaires, tous deux s'appuient à l'est sur un énorme promontoire : Terre-Neuve dans le nord et cap Saint-Roque dans le sud.

Quoique les rivières de la Guyane française ne se jettent pas dans l'Amazone, notre colonie n'en fait pas moins partie de cette grande et fertile vallée. Autrefois une bande de terre de plus de 100 lieues de large prolongeait le cap Saint-Roque dans le nord de notre territoire. C'est dans cette zone de côte étendue que l'estuaire du fleuve ouvrait son immense envergure et sur la rive gauche recueillait toutes les eaux du versant guyanais.

Mais la connexité des eaux, l'unité de bassin rapprochent moins la Guyane et l'Amazone que les similitudes minéralogiques.

Minéraux. — Ce qui frappe lorsque l'on arrive à la Guyane, c'est cette formation spéciale d'argile et de grès, à stratification irrégulière, de couleur rougeâtre, très ferrugineuse, criblée de trous comme si elle avait été percée par des vers ou par des coquilles perforantes, et que l'on y désigne sous le nom de roche à ravets. Si profondément que l'on s'enfonce dans la contrée, on la voit partout saillir sur le sol, saisissant le regard par le contraste de sa teinte d'un rouge sombre avec celle de la végétation environnante. Mêlée de cailloux, de débris roulés de quartz, elle repose sur la roche cristalline en place. La prédominance des éléments ferrugineux l'a fait considérer comme une sorte de limonite : Humboldt, au contraire, en raison de ses couches d'argile stratifiée alternant avec les strates de grès, la rattachait aux formations du vieux grès rouge et du trias.

Plus tard Agassiz a cru reconnaître dans ce dépôt superficiel un drift d'un développement considérable provenant de la période glaciaire. Selon lui, l'hiver géologique aurait étendu son action au sud de l'équateur aussi bien qu'au nord de la ligne et le bassin de l'Amazone aurait été le vaste théâtre d'une longue occupation hivernale.

Tel est le caractère du dépôt superficiel. Au-dessous l'on trouve des *gneiss* où domine le *mica noir* et l'intéressante formation des diorites puissamment injectée par des filons de quartz aurifère, source de la richesse métallique de la Guyane.

Quelques veines de porphyres apparaissent également dans les gneiss ainsi qu'une roche de silice translucide se rapprochant des *quartz hyalin* dont les galets, de nature et de volumes divers, roulés par la mer, sont recueillis en grand nombre sur le sable des grèves et acquièrent par la taille une pureté remarquable.

Les quartz aurifères injectent non seulement les roches cristallines qui constituent les assises du sol, mais, quoique d'une nue moins ancienne, occupent une part considérable dans la formation géologique de la contrée.

On les retrouve partout, dans les sables, en cristaux prismatiques, en nodosités de toutes dimensions au sein de la roche à ravets, en blocs énormes dans les rivières, peu roulés, et paraissant détachés récemment de quelque puissant effleurement.

La richesse de ces quartz est aujourd'hui démontrée. Après en avoir pendant plus de vingt ans exploité les efflorescences aurifères répandues dans les vallées sous forme d'alluvion, l'industrie guyanaise se dispose à mettre à nue la veine engainée dans les profondeurs du sol et à en extraire le précieux métal.

Si, à ces traits principaux, on ajoute les monts Tumuc-Kumac (ou Toumou-Koumac) qui sont comme le prolongement de la Parime et son système d'apaisement, on a le relief de la contrée et l'expression de sa physionomie générale.

Côtes. — La côte basse et marécageuse, sans indentations prononcées, se caractérise par la pauvreté de ses inflexions ; le cône de déjection des rivières en constitue seul les échancrures un peu accentuées. Elle est bordée par une longue ligne de palétuviers d'un aspect triste et monotone que baigne une mer limoneuse, aux lames courtes et dures, sans cesse tourmentée durant toute la période de l'hivernage par de violents *raz* de marée ou des courants d'une impétuosité extrême.

C'est derrière ce rideau dont le premier abord n'est pas fait pour séduire le regard du voyageur, que la Guyane apparaît dans toute la magnificence de ses forêts vierges et la richesse de sa nature équatoriale.

Nature des terres. — Le sol n'est pas en général aussi fertile que le ferait croire la splendeur de sa végétation. Il a été classé en trois catégories bien distinctes : terres basses, terres moyennes et terres hautes, qui correspondent également à trois degrés de fertilité.

Terres basses. — Les terres basses formées par les alluvions contemporains et dont la progression se suit pour ainsi dire à vue d'œil, comprennent toutes les terres encore noyées, mais chargées de végétation à base de soude que caractérisent surtout les *palétuviers*. Ce sont celles que l'industrie des colons est parvenue, par des digues et des travaux de canalisation, à émerger des eaux qui les couvraient. On peut les placer au-dessus des plus riches du monde. Sur certains points, le sondage n'a pas relevé moins de dix à douze pieds de terreau. L'avenir agricole de la colonie possède donc des ressources dont la puissance ne peut se comparer qu'à leur étendue. Il sera facile d'en tirer parti dès qu'une main-d'œuvre suffisante permettra au pays de reprendre une lutte utile contre la *vaste inculture* qui peu à peu, hectare par hectare, fait rentrer dans

Le Rorota.

son domaine les terrains que les premiers colons étaient parvenus à arracher aux végétations sauvages.

Terres moyennes. — Également de formation *alluvionnaire*, mais moins récente, les terres moyennes constituent l'étage immédiatement supérieur.

De vastes dépressions marécageuses ou des ondulations plus ou moins accentuées en signalent la planimétrie générale. Une diversité équivalente à cette disparité géologique se remarque dans la fertilité de ces terrains, *excessive* sur certains points, le plus souvent d'une infériorité qui décourage encore la culture rudimentaire des indigènes.

C'est ce qui explique pourquoi l'Indien ne se fixe pas définitivement au sol; pourquoi il erre de forêt en forêt, cherchant chaque année pour son champ une nouvelle enclave et un sol encore vierge.

Terres hautes. — Les terres hautes accentuent le relief du pays. Ce sont des coteaux balayés par des pluies torrentielles.

Elles abandonnent à leurs pentes puissamment érodées tout ce que la luxuriante végétation des forêts ne retient pas d'humus. C'est leurs sédiments, continuellement entraînés, qui comblent peu à peu les marais et chargent d'un épais limon l'eau fangeuse des rivières. La culture arborescente pourrait seule se développer sur leurs plans inclinés puisqu'elle n'exige pour réussir et prospérer que de la pluie et du soleil.

Savanes pastorales. — Les terres moyennes offrent à l'industrie pastorale une série de savanes naturelles échelonnées le long de la côte dans l'entre-deux des rivières de Kourou et Organabo.

On a vu jusqu'à 16,000 bœufs errer dans ces vastes pacages. Bien courte a été cette période de richesse. On ne pourrait pas aujourd'hui réunir 2,000 têtes dans toutes les ménageries ou hattes de la colonie.

Les savanes, dont l'aspect paraît magnifique dans la saison hivernale, sont pauvres lorsqu'on les étudie dans leur transformation annuelle. Elles ne sont arrosées que par les eaux pluviales. Durant l'été, leur surface se dessèche, l'herbe devient rare, dure et ligneuse, et ne donne plus aux animaux qu'un aliment indigeste et peu succulent. Le *hattier* n'a qu'une seule ressource pour préserver son troupeau d'une trop longue famine : mettre le feu à la lande aride et brûlée par le soleil. Il espère, par cette cautérisation empirique, hâter la repousse des herbes plus tendres. Pendant ce temps, le bétail languit de soif et de faim.

Quelques labours amélioreraient ces savanes; la perforation d'une série de puits artésiens leur rendrait la fertilité et la vie. Mais, ce n'est ni aux ressources financières ni à la puissance musculaire de la population actuelle qu'il faut demander pareil effort.

Cours d'eau, fleuves, bassins. — Le régime hydraulique de la Guyane française n'est pas sans intérêt. Les cours d'eau sont, en effet, les seules voies de pénétration qui permettent de s'introduire dans l'intérieur de la contrée défendue par l'inextricable lacis de sa puissante végétation. Ils présentent cette particularité d'être coupés à angle droit par les soulèvements géologiques de la contrée. Ces soulèvements sont autant de barrières opposées à leur écoulement naturel. A l'origine, leurs ondes emprisonnées, comme en un lac, dans l'enceinte continue de ces massifs n'ont pu se creuser un lit régulier qu'en érodant le barrage qui les séparait de la mer. Mais les débris de ces murailles rocheuses obstruent toujours le courant et forment une série d'étages superposés ou autant de bassins successifs de retenue qui ne déversent que leur excédent dans le bassin inférieur.

CHUTES D'EAU. — Un des spectacles les plus imposants pour l'explorateur remontant les rivières de la Guyane, c'est cette succession de chutes bondissant en arc liquide par-dessus les bancs de granit et tombant avec un fracas solennel dans l'immense silence de la solitude. Plus beau peut-être paraît le paysage lorsque le courant passe comme une flèche à travers son lit hérissé de rochers innombrables, formant ces bruyants raudales par lesquels l'Indien se laisse emporter dans sa fragile pirogue et dont il brave insouciamment l'impétuosité. D'autres fois les rives plus plates s'élargissent. Au sein du courant surgit une multitude d'îlots verdoyants qui s'étalent en un frais et riant archipel et sur lesquels les bambous déroulent au vent leurs panaches de verdure. La rivière, un instant arrêtée, blanchit, éparpille ses ondes en un labyrinthe de courants.

La présence d'un rapide, d'un saut ou d'une cascade devient, par suite, l'indice certain d'un soulèvement plus ou moins important, coupant perpendiculairement la vallée. Avant de les franchir, les eaux s'accumulent sur ces sortes de seuils et se déversent sur les terres de la cuvette supérieure lorsque leur altitude est moins élevée. Par ce travail lent mais continu, les dépressions du sol se comblent à l'aide des dépôts successifs du fleuve et tendent à leur nivellement général.

RIVIÈRES. — Sur ces quatre-vingts lieues de côtes, la Guyane française présente une nomenclature assez considérable de rivières.

Ce sont : le Maroni, la Mana, l'Organabo, l'Iracoubo, le Counamana, le Corosony, le Sinnamary, le Malmanorey, le Karouabo, le Kourou, le Macouria, la rivière de Cayenne, le Mahoury, le Kaw, l'Approuague, l'Oyapock.

En tout, seize rivières plus ou moins navigables sillonnent ce territoire si bien arrosé et viennent, à quelques lieues les unes des autres, se jeter dans la mer.

S'il faut en croire les recherches géologiques d'Agassiz, ces cours d'eau avaient autrefois un développement plus étendu. Ils étaient tous les tributaires de l'Amazone. Ce grand fleuve poussait son vaste estuaire bien plus avant dans l'Océan.

Maraio.

Une large bande de terre, partant du cap Saint-Roque et aboutissant jusqu'au delà du Maroni, prolongeait le continent de plus de cent lieues sur la mer. Toutes les pentes de notre Guyane convergeaient vers l'embouchure et lui apportaient les lointaines alluvions de ses montagnes.

Le travail sans relâche des grands courants océaniens, les érosions continues du fleuve lui-même, ont fini par déliter cette immense bordure sédimentaire. Nos fleuves ont reconquis leur indépendance, mais au détriment de leur étendue. D'un réseau hydraulique encore admirable par sa diversité et le tribut de ses eaux, nous ne possédons plus que le reste tronçonné.

A la Guyane, au contraire, on suppose généralement que les rivages de la colonie empiètent lentement sur la mer.

Ce fait est incontestable, si l'on étudie le phénomène dans une limite restreinte. Ainsi l'on montre encore aux abords de Cayenne, le point où mouilla la flotte de Ducasse. Les vases s'y sont depuis longtemps accumulées et ont formé un terrain solide. Cet accroissement de la côte ne peut être considéré que comme un accident local. Il n'infirme en rien la théorie d'Agassiz. Ce qui se manifeste directement à notre observation, c'est que les apports de la mer et leur enlèvement par la corrosion des marées sont soumis à des oscillations contradictoires et périodiques. Tantôt les vases riveraines progressent, s'accroissent en donnant naissance à une épaisse végétation de palétuviers; tantôt ce vert rideau s'écroule à son tour, brusquement balayé par les lames du large.

Tel est le système vasculaire du territoire de la Guyane. Les innombrables rivières qui la composent coulent sans qu'on ait pu encore les utiliser, dans l'immense solitude de la forêt. Chutes ou rapides, courants lents mais puissants représentent des forces motrices qui seront utilisées dans l'avenir. L'invasion féconde de l'industrie débordera un jour sur ces déserts lointains et elle y rencontrera des forces inemployées qui seront ses meilleures armes pour en achever la conquête.

La population actuelle demeure impuissante devant l'œuvre proposée à son activité, à ses forces et à son intelligence. Quoi qu'on en ait dit, elle ne doit rien attendre du concours des races autochtones. Ces races s'éteignent misérablement dans les vallées de l'intérieur, réfractaires à toute civilisation. Le caractère dominant de cette vaste contrée dont les limites s'étendent de l'océan Atlantique au revers oriental des Andes, c'est la solitude. Tous ceux qui l'ont explorée, sont revenus avec l'impression de son dépeuplement. Peut-il en être autrement d'un pays où le régime des forêts domine, où les aliments nécessaires à la vie ne sont encore demandés qu'aux ressources de la chasse et de la pêche ou à celles d'une culture qui n'a pas encore pris définitivement possession du sol.

RACES. — Comme dans nos autres colonies, trois races d'hommes se sont trouvées en présence dès le début de l'occupation : l'Indien, l'Européen, l'Africain.

Une étude curieuse et à la fois intéressante serait d'examiner de haut, sans parti pris, comment se sont comportées ces trois races en contact; quelle a été, sous le rapport physique et intellectuel, l'influence exercée sur elles par le milieu dans lequel elles se sont rencontrées. Une seule partie a plaidé sa cause et depuis un siècle la plaide devant l'opinion publique. Pour conclure, il est juste d'attendre que les autres, à leur tour, aient pris la parole.

On peut cependant constater déjà que la race indigène a disparu en partie, ou bien s'est retirée dans la profondeur des forêts. Rares sont les communications que l'on conserve avec elle. Les Indiens s'utilisent encore pour le canotage sur quelques rivières. Mais dans la Mana et le Maroni, ils perdent aujourd'hui le monopole de cette industrie. Elle passe entre les mains des nègres Boschs et Bonis, représentants d'une race plus vigoureuse, plus réguliers et plus loyaux dans leurs contrats.

Les nègres Boschs et Bonis représentent des peuplades noires, groupées à la bifurcation du Maroni en ses deux branches principales, l'Aoua et le Tapanahony. Anciens esclaves révoltés de la colonie voisine, ils sont venus vers 1763, après les péripéties d'une lutte longue et non sans héroïsme, se réfugier sur le territoire français compris entre les deux affluents.

L'Indien et le Nègre diffèrent profondément par les caractères ethniques de leur race et surtout par leur conformation anthropométrique. L'Indien se distingue généralement par la petitesse des membres, la longueur du tronc et l'enfoncement du cou dans les épaules. Son allure est lourde, sa taille massive et carrée. Il a le teint brun rougeâtre, les cheveux longs lissés, noirs et rigides, les yeux petits et les paupières légèrement bridées, obliques, comme dans certaines races asiatiques. Le nez est également asiatique, les pommettes saillantes et les mâchoires lourdes, un peu prognathes.

C'est l'incomparable archer qui, debout sur l'avant de sa pirogue, flèche les coumarous, les aïmaras dans le remous des rapides, et, dès que le trait a sifflé, se précipite de suite dans le tourbillon des eaux sauvages et va y chercher le poisson victime de son infaillible adresse.

Le nègre du haut Maroni semble plutôt se rattacher au type guinéen. Il a le torse court, les jambes haut fendues, et les bras longs. Il est élancé, agile, remuant, nerveux. Ses cheveux s'enroulent et se tordent sous forme de laine. Il a conservé le teint noir et luisant des races de l'Ouest africain.

L'arc de l'Indien est devenu son arme et il excelle à s'en servir, mais il préfère le fusil de l'Européen dont il apprécie mieux les avantages.

Dans le contact de ces deux races, la supériorité morale et physique est restée au nègre. Il parcourt, en maître, l'immense forêt qui l'entoure. Les Indiens se retirent devant lui et lui abandonnent la possession de ces territoires, sur lesquels seuls jadis chassaient leurs pères.

Mais ce n'est pas seulement par la force brutale que cette supériorité s'est manifestée. Les Bonis et les Boschs ont peu à peu acquis le monopole de canotage dont bénéficiaient les Indiens. Ils y ont réussi, non seulement par leur adresse à diriger une pirogue dans le tumulte des rapides, mais surtout par la loyauté inflexible qu'ils ont apportée dans les engagements et par la rapidité avec laquelle ils ont exécuté les trajets.

Nègres et Indiens sont encore attardés dans un état social très primitif, mais l'Indien, par un instinct irrésistible de vie sauvage, se retourne vers le désert et s'y enfonce de plus en plus, tandis que le nègre a une tendance opposée, celle de se rapprocher peu à peu de nos établissements.

Du contact des blancs créoles, des noirs, des planteurs et des esclaves qui formaient le personnel de l'ancienne colonisation a surgi une troisième race, la race métisse qui, à tous les degrés du croisement, a été à la Guyane, comme dans les autres colonies, l'objet d'une persécution jalouse tendant à empêcher son développement social.

Mais les dissentiments des premiers jours ont disparu et l'on peut dire que la Guyane est à peu près exempte de ces préjugés d'un autre âge qui rendent insupportable, même aux Européens, le séjour enchanté des Antilles.

La découverte de l'or, en répartissant sans distinction ses richesses entre les diverses classes, a rapproché les distances et groupé plus intimement les familles, d'autant qu'à ce jeu de hasard les anciens privilégiés, moins actifs et moins entreprenants, ont été les moins favorisés.

On reproche aux noirs de la Guyane une certaine indolence naturelle, une invincible répugnance pour le travail qui ne peut que précipiter la ruine générale de la colonie, puisque la source du mal est dans l'extrême pénurie de la main-d'œuvre.

Mais où trouver une race intertropicale apportant dans les entreprises l'activité des races du Nord? C'est un fait général que l'énergie des populations s'affaiblit graduellement à mesure que l'on descend vers l'équateur. Est-il étonnant que les habitants de la Guyane, vivant pour ainsi dire sous la ligne, soient plus fortement dosés de nonchaloir et d'amour du farniente ?

Les Septentrionaux eux-mêmes appelés à résider sous ces latitudes thermales y conservent-ils longtemps leur ardeur européenne, ne sont-ils pas rapidement contaminés par la paresse locale, sans pouvoir acquérir la vivacité du tempérament créole et les subites poussées d'activité dont il est capable ?

L'homme, quel qu'il soit, ne travaille que s'il y est poussé par le besoin ou stimulé par l'instinct de la prévoyance. Qu'on suppose le climat de la Guyane plus rigoureux et la difficulté d'y vivre plus grande, on verrait le noir et tous ceux qui habitent la région, travailler plus âprement et s'efforcer d'améliorer leur mauvaise condition naturelle.

L'arouma.

Huttes de Nègres Bonis.

CHAPITRE III

Administration.

Historique. — Organisation administrative actuelle. — Organisation judiciaire. — Instruction publique. — Cultes. — Administration pénitentiaire. — Population pénale. — Régime pénitentiaire. — Établissements pénitentiaires. — Colonisation pénale. — Commune pénitentiaire du Maroni. — Emploi de la main-d'œuvre pénale. — Services rendus à la colonie par l'Administration pénitentiaire. — Défense.

Historique. — Le lent épanouissement des institutions qui ont fait de la Guyane un pays libre est dû tout entier au gouvernement actuel.

Au début de la colonisation, l'autorité y était exercée soit par les propriétaires du sol eux-mêmes, soit, en leur nom, par les chefs auxquels les compagnies concessionnaires confiaient le commandement d'une expédition.

En juin 1664, le système des compagnies indépendantes et spéciales à chaque colonie fit place à l'organisation d'une compagnie unique qui, par les privilèges qui lui furent concédés, embrassait l'ensemble de nos possessions d'Amérique et les administrait par l'intermédiaire d'un gouverneur général nommé par le roi.

Il en résulta un dualisme fâcheux entre le gouverneur et les officiers de la compagnie qui géraient des intérêts plutôt commerciaux et les faisaient souvent prévaloir contrairement aux vues du chef de la colonie.

Un décret de décembre 1674 fit cesser cet état de choses en remettant au domaine les pays concédés pour être régis comme ceux du royaume. Le gouverneur dès lors exerça seul tous les pouvoirs jusqu'en 1679, époque où fut créé un intendant de justice, de police et de finances. Celui-ci prit une part importante des attributions du gouverneur et les luttes d'influences recommencèrent plus vives entre ces deux autorités rivales.

Une ordonnance du 17 juin 1787 dota les colonies d'assemblées coloniales. Ces assemblées prirent part à l'administration du pays par des décrets soumis à la sanction du gouverneur. Une de leurs attributions importantes était le soin d'asseoir et de répartir les contributions que le roi imposait annuellement aux colonies.

Mais ce régime confus et mal défini ne pouvait convenir longtemps à nos possessions coloniales.

La loi du 8-10 mars 1790, tout en les déclarant partie intégrante du territoire français, n'osa pas comprendre les colonies dans la constitution décrétée pour le reste du royaume et les laissa sous l'empire de leur législation spéciale.

De grandes hésitations se manifestèrent dans les assemblées politiques de la Révolution au sujet de l'organisation qu'on devait faire prévaloir dans les territoires transocéaniens.

La constitution du 14 septembre 1791 est muette à leur égard, mais le décret du 28 septembre suivant proclame la nécessité d'un régime d'exception.

C'est à la constitution de l'an III que les colonies doivent d'avoir été soumises au régime du droit commun à la métropole. Trois ans après, la loi du 12 nivôse an VI, revenant en arrière, introduisit de nombreuses exceptions au régime constitutionnel proclamé en l'an III.

La constitution de l'an VIII affirma d'une manière plus nette encore le régime d'exception pour les colonies. En l'an X, le sénat fut chargé d'élaborer une constitution coloniale. Les pouvoirs des anciens gouverneurs furent rétablis dans leur ensemble et confiés à un capitaine général, assisté d'un préfet et d'un grand juge et investi du pouvoir de réglementer par voie d'arrêt.

Organisation administrative actuelle. — Les ordonnances du 27 août 1828 et du 22 avril 1833, modifiées successivement par les sénatus-consultes du 3 mai 1854 et du 4 juillet 1866, par les décrets du 23 décembre 1878, 8 avril et 15 octobre 1879, forment aujourd'hui les bases de l'organisation générale de la Guyane.

A la tête de la colonie se trouve un gouverneur, que les ordonnances, aussi bien que le sénatus-consulte du 3 mai 1854, déclarent « dépositaire de l'autorité du chef de l'État et représentant par excellence de l'autorité métropolitaine ». Sous les ordres du gouverneur sont placés des chefs d'administration ou de service qui dirigent les diverses parties du service; à côté de lui est placé un conseil privé composé des plus hauts fonctionnaires et de membres civils désignés par décrets parmi les habitants notables de la colonie. Les chefs d'administration qui ont à diriger les différents services sont : le directeur de l'Intérieur, le chef du service judiciaire, le chef du service administratif, le directeur de l'administration pénitentiaire; un inspecteur des services administratifs et financiers des colonies est chargé de veiller à l'exécution des lois, décrets et règlements, et du contrôle des gestions financières.

Le directeur de l'Intérieur est, ainsi que son nom l'indique, chargé de toute l'administration intérieure de la colonie; il a l'ordonnancement des dépenses en ce qui concerne le service local et se trouve, depuis la suppression de l'ordonnateur, chargé de la gestion des dépenses du budget métropolitain, en ce qui concerne les services civils. Le personnel de la direction de l'Intérieur appartient au cadre général des directions de l'Intérieur, tel qu'il a été fixé par le décret du 16 juillet 1884.

Le chef du service judiciaire, outre les attributions qui lui sont données par le Code, a l'administration de la justice à tous les points de vue, sauf en ce qui concerne l'ordonnancement des dépenses qui appartient au directeur de l'Intérieur.

Le chef du service administratif est chargé de l'administration maritime et suit, sur ce point spécial, la gestion des crédits du service métropolitain.

Le directeur de l'administration pénitentiaire, dont le rôle est très important, veille au maintien de l'ordre et de la discipline parmi les nombreux condamnés, à l'utilisation de la main-d'œuvre pénale, etc.

Un conseil général a été institué à la Guyane par décret du 23 décembre 1878. Le nombre des membres élus au suffrage universel et direct est fixé à 16; un décret du président de la République détermine les circonscriptions électorales.

La loi du 8 avril 1877 a accordé à la Guyane le droit d'être représentée à la Chambre des députés. Ce droit, qu'elle tenait d'abord d'un décret du gouvernement de la Défense nationale du 15 septembre 1870, lui avait été retiré par la loi de 1875.

On voit que le développement des institutions politiques de la Guyane a eu lieu en sens inverse. Elle a obtenu d'être représentée dans la métropole, avant d'avoir un conseil général. L'organisation municipale n'est venue qu'après. Pendant longtemps elle a été régie par les formes du décret colonial du 3 juin 1835, qui divisait le territoire en treize quartiers administrés par des commissaires commandants. Elle a été élevée par le décret du 15 octobre 1879 au niveau des autres colonies et possède aujourd'hui un régime municipal complet, avec toutes les institutions qui assurent, dans la métropole, l'exercice de la souveraineté nationale.

Il manque cependant à la colonie la représentation au sénat.

Organisation judiciaire. — L'organisation judiciaire est actuellement réglementée par le décret du 20 février 1886, qui a apporté de profondes modifications aux décrets du 3 octobre 1880 et 16 août 1854, ainsi qu'à la vieille ordonnance du 21 décembre 1828.

Aux termes de ces actes, l'organisation comprend : un tribunal supérieur et un tribunal de 1re instance siégeant à Cayenne, une justice de paix à compétence étendue et 4 justices de paix à compétence ordinaire. A la tête du service se trouve un procureur de la République qui exerce les fonctions du ministère public devant le tribunal supérieur et le tribunal de 1re instance; il est assisté d'un substitut.

Le tribunal supérieur, à qui sont conférées toutes les

attributions dévolues aux cours d'appel, se compose d'un président et de trois juges. Sa juridiction s'étend sur la colonie tout entière.

Le tribunal de 1re instance se compose d'un juge-président, de deux lieutenants de juge et de deux juges suppléants. Il a le même ressort que le tribunal supérieur.

Les justices de paix à compétence ordinaire sont instituées à Cayenne.

La justice de paix à compétence étendue est établie à Saint-Laurent du Maroni.

Il n'y a pas de tribunal de commerce. Les attributions sont remplies par les tribunaux civils.

En matière criminelle, les affaires de la compétence des cours d'assises sont jugées par le tribunal supérieur constitué en tribunal criminel par l'adjonction de quatre assesseurs désignés par la voie du sort sur une liste de vingt notables dressée chaque année. Ces assesseurs doivent être Français.

En matière correctionnelle et de simple police, les affaires sont expédiées par le tribunal de 1re instance et les justices de paix.

Instruction publique. Cultes. — L'enseignement primaire est gratuit à la Guyane. La colonie compte six écoles.

L'enseignement secondaire est donné dans un collège par un personnel détaché de l'Université de France.

Le service du culte est placé sous la direction d'un préfet apostolique.

Administration pénitentiaire. — La Guyane ayant été désignée par le Gouvernement comme lieu d'internement des criminels condamnés à l'expatriation, un service spécial, dépendant de l'Administration centrale des Colonies, y fut créé. Ce service, définitivement organisé par un décret en date du 16 février 1878 instituant une direction de l'Administration pénitentiaire, a à sa tête un directeur nommé par décret et placé sous la haute autorité du Gou-

CAYENNE.
Les Palmistes.

vernement. Le Directeur, dont les prérogatives et les attributions générales sont à peu près identiques à celles des autres chefs d'administration, a sous ses ordres tout le personnel des bureaux, du commandement, des travaux, des cultures et de la surveillance. Le service administratif, tant au chef-lieu que sur les pénitenciers, le commandement des établissements, la direction des travaux, etc., sont assurés par des fonctionnaires civils dont l'organisation est régie par le décret du 26 octobre 1882. La garde des condamnés est confiée à un corps d'agents militaires, dont le recrutement, la hiérarchie et l'avancement sont déterminés par un décret en date du 20 novembre 1867. Les surveillants militaires sont placés, dans les divers établissements, sous les ordres des commandants des pénitenciers, qui ont également autorité sur tous les autres fonctionnaires en service sur les dits établissements.

Population pénale. — Nous ne mentionnons ici que pour mémoire l'envoi à la Guyane, en 1798, d'environ 500 déportés. Ces individus, condamnés pour crimes politiques, n'étaient pas soumis à l'obligation du travail et leur séjour, qui fut de courte durée, n'a laissé aucune trace dans la colonie.

C'est par un décret en date du 8 décembre 1851 que la Guyane fut, d'abord, ainsi que nous l'avons dit plus haut, désignée comme lieu de transportation à l'égard des individus placés sous la surveillance de la haute police, en rupture de ban et de ceux affiliés aux sociétés secrètes. Peu après était promulgué le décret du 27 mars 1852, relatif au transfert à la Guyane des forçats détenus dans les bagnes de la métropole. Enfin, deux ans plus tard, la loi du 30 mai 1854, dont les dispositions principales ont été empruntées au décret précité du 27 mars 1852, décidait que le mode d'exécution de la peine des travaux forcés serait basé, à l'avenir, sur l'expatriation des condamnés.

La Guyane fut pendant longtemps la seule de nos possessions d'outre-mer affectée à la transportation pénale. Jusqu'en 1864, en effet, tous les condamnés aux travaux forcés de la métropole et des colonies y furent dirigés, et on peut évaluer à près de 16,000 le nombre des individus de cette catégorie qui y avaient été envoyés à cette époque.

A la suite de la désignation de la Nouvelle-Calédonie comme colonie pénale en 1867, désignation motivée par les craintes qu'avait fait naître, à ce moment, la situation sanitaire de la Guyane, notre colonie de l'Amérique du Sud ne reçut plus, pour ainsi dire, que les condamnés provenant de l'Algérie et ceux des autres possessions françaises d'outre-mer. On envoyait bien, il est vrai, chaque année, quelques condamnés européens choisis parmi les ouvriers de profession ; mais le nombre en était tellement restreint qu'on peut considérer que la transportation européenne avait pris fin dès 1865. Du reste, les effectifs ne tardèrent pas à diminuer d'une façon considérable, et c'est ainsi qu'au 31 décembre 1885, le chiffre de la population pénale était réduit à 3,406 transportés en cours de peine et libérés tenus de résider dans la colonie, se décomposant de la manière suivante :

1° *Par races :*

Condamnés de race européenne	919	
— arabes.	1,680	3,406
— noirs	807	

2° *Par catégorie :*

Condamnés en cours de peine. .	2,272	
Libérés tenus de résider dans la colonie.	1,134	3,406

Par une décision en date du 15 avril 1887, de nouvelles dispositions ont été arrêtées relativement à la répartition entre la Guyane et la Nouvelle-Calédonie des condamnés aux travaux forcés provenant de la métropole : la dernière de ces colonies ne reçoit plus, actuellement, que les transportés de race européenne, ayant à subir une peine inférieure à huit ans; tous ceux, au contraire, condamnés à huit ans et au-dessus sont dirigés sur la Guyane, qui continue, en outre, à recevoir la totalité des transportés des races arabe et noire.

Dans ces conditions, l'élément européen qui était devenu le moins nombreux, ne va pas tarder à dominer dans notre colonie de l'Amérique du Sud.

La moyenne du chiffre annuel des individus condamnés aux travaux forcés dans la métropole est d'environ 950 et les condamnations prononcées se divisent ainsi qu'il suit :

Condamnés à 8 ans et plus. . . .	72 p. 100
Condamnés à moins de 8 ans. . .	28 p. 100

En se basant sur les indications qui précèdent, on est amené à constater que 700 condamnés de race européenne doivent, chaque année, être transportés à la Guyane. Si on ajoute à ce chiffre celui des condamnations prononcées en Algérie et dans les diverses colonies, soit environ 350, on peut évaluer à 1 050 individus la moyenne du contingent annuel.

Il est évident que dans de pareilles conditions, les effectifs sont appelés, pendant de nombreuses années, à suivre une progression ascendante très marquée. On ne saurait, du reste, prévoir bien exactement, dès aujourd'hui, le chiffre maximum que pourra atteindre l'effectif des condamnés en cours de peine. Toutefois on peut indiquer qu'il ne sera jamais bien supérieur à 10 000 individus.

Enfin, le décret du 26 novembre 1885, portant règlement d'administration publique pour l'application de la loi du 27 mai 1885 sur la relégation des récidivistes, a désigné la Guyane pour l'exécution de la relégation collective concurremment avec la Nouvelle-Calédonie. La répartition des relégués collectifs entre les deux colonies pénales est effectuée par une commission administrative spéciale, dont la présidence est dévolue à un conseiller d'État et au sein de laquelle sont représentés les départements de la justice et de l'intérieur ainsi que l'administration centrale des colonies. La commission dont il s'agit base ses appréciations pour la désignation de l'une ou l'autre des deux colonies sur l'examen du dossier de chaque relégué et principalement sur les renseignements fournis par les médecins des établissements pénitentiaires.

Une Cayennaise d'origine hindoue.

C'est ainsi que les relégués collectifs d'une constitution affaiblie sont de préférence dirigés sur la Nouvelle-Calédonie, tandis que ceux dont le tempérament est reconnu plus robuste sont envoyés à la Guyane. Cette même commission opère également le classement des récidivistes en relégués collectifs et relégués individuels.

Il n'est pas possible, pour le moment, d'indiquer, même d'une façon approximative, quel sera le contingent annuel des relégués collectifs qu'il y aura lieu de diriger sur notre colonie d'Amérique. La mise en application de la loi du 27 mai 1885 est encore trop récente pour que des calculs de moyenne puissent être établis à cet égard.

Au 31 décembre 1888, 1,152 relégués collectifs (hommes et femmes) avaient été envoyés à la Guyane, et, à la même date, l'effectif de ceux présents dans la colonie s'élevait à 997.

Régime pénitentiaire. — Les criminels expatriés à la Guyane se divisent donc en deux catégories pénales : les uns sont soumis au régime déterminé par la loi du 30 mai 1854 sur l'exécution de la peine des travaux forcés, et les autres sont restreints aux obligations qui leur sont imposées par la loi du 27 mai 1885 sur les récidivistes. Les premiers sont désignés sous la dénomination de « transportés », et les seconds sous celle de « relégués ».

La loi du 30 mai 1854 peut se résumer ainsi :

Le Gouvernement désigne le territoire des possessions françaises, l'Algérie exceptée, où sera subie la peine des travaux forcés.

Les condamnés sont employés aux travaux publics les plus pénibles de la colonisation et à tous autres travaux d'utilité publique.

La transportation est rendue obligatoire. Pour les individus âgés de soixante ans au moment du jugement, la réclusion est substituée aux travaux forcés.

Tout transporté est astreint à la résidence dans la colonie pendant un temps égal à la durée de la peine prononcée contre lui, s'il a été condamné à moins de huit ans, et pendant toute sa vie, s'il a été condamné à huit ans ou plus.

Les condamnés peuvent recevoir des concessions de terrain provisoires ou définitives et être autorisés par le gouvernement à jouir dans la colonie des droits civils ou d'une partie de ces droits.

Les transportés sont passibles, pour tous crimes et délits, d'une juridiction d'exception.

Les conditions sous lesquelles les concessions de terrain

pourront être accordées et le régime disciplinaire des établissements de travaux forcés seront déterminés par des règlements d'administration publique.

Un décret, en date du 18 juin 1880, rendu après avis du Conseil d'État, a réglementé le système pénal applicable aux transportés, tant au point de vue répressif qu'à celui de la méthode pénitentiaire. Il comprend, en même temps, tous les moyens propres à encourager le retour au bien ou à punir la persistance dans le mal. Ce règlement est divisé en deux titres : le premier relatif à la classification des condamnés et le second contenant la nomenclature des peines disciplinaires et l'indication des cas dans lesquels elles sont infligées.

Les condamnés sont répartis en cinq classes, d'après leur état moral, leur conduite, leur assiduité au travail et leurs antécédents. Le régime appliqué prévoit que le transporté doit, dans la colonie pénitentiaire, passer par trois périodes graduées : *la répression, l'amendement et la récompense.*

Il n'est pas possible de déterminer, d'une façon uniforme, le temps pendant lequel tout transporté doit être maintenu dans chaque classe : la période nécessaire dépend exclusivement de la *personnalité du condamné, de son degré d'avancement dans la carrière du crime, de son travail, de sa conduite,* etc., etc. — L'Administration, en un mot, tend, autant que possible, à *individualiser le châtiment,* répondant ainsi à l'un des vœux les plus pressants de l'école pénitentiaire moderne.

Le décret du 18 juin 1880 prévoit, en outre, la séparation par groupes et la division par catégories de façon à éviter, dans une certaine mesure, la contamination, par le contact des natures dépravées, de ceux qu'une seule faute a fait déchoir et dont le retour au bien est plus facile. Ces dispositions, malheureusement, n'avaient pu recevoir, jusqu'à ces derniers temps, à la Guyane, qu'une application très restreinte motivée par la diversité des races et le défaut de locaux. Depuis un an environ, les transportés primaires, c'est-à-dire ceux n'ayant encouru aucune condamnation judiciaire antérieurement à la peine des travaux forcés, sont entièrement séparés des autres et réunis sur l'établissement de Kourou. L'expérience qui se poursuit est encore trop récente pour qu'il soit permis d'en affirmer les heureux résultats. Toutefois on peut préjuger que cette séparation produira des effets satisfaisants parmi la population pénale.

Quant aux punitions édictées par le second titre du règlement disciplinaire, elles diffèrent peu de celles en vigueur aujourd'hui dans l'armée de mer, à l'exception toutefois du port de la chaîne simple ou double, prévu par l'article 4 de la loi du 30 mai 1854. Si la crainte d'encourir ces punitions est suffisante pour maintenir dans l'ordre la majeure partie des transportés, on est cependant obligé de reconnaître que le régime disciplinaire actuel est inefficace, au point de vue de l'intimidation, à l'égard de la catégorie si nombreuse des incorrigibles. Aussi, l'Administration des colonies se préoccupe-t-elle de rendre ce régime plus sévère, afin d'affirmer le caractère de répression et d'exemplarité que la loi attribue à la peine des travaux forcés. Les réformes à l'étude, qui s'inspireront d'une longue expérience, permettront, certainement, d'obtenir de meilleurs résultats de l'emploi d'une main-d'œuvre, dont le travail n'a pas toujours répondu à ce qu'on était en droit d'exiger d'elle.

La loi du 27 mai 1885 sur les récidivistes peut, en ce qui concerne son application à la Guyane, se résumer ainsi qu'il suit :

PETIT. SC. — ALEXANDRE de BAR.

PHARE DE L'ENFANT-PERDU.

Les individus ayant déjà encouru une ou plusieurs condamnations judiciaires, suivant le cas, sont, à l'occasion d'une nouvelle condamnation, déclarés relégables. La relégation consiste dans l'internement perpétuel sur le territoire de la colonie des condamnés que la loi dont il s'agit a pour objet d'éloigner de France.

La relégation n'est appliquée qu'à l'expiration de la dernière peine à subir par le relégable. Toutefois le Gouvernement a la faculté de devancer cette époque pour le transfèrement.

Ne sont pas atteints par la relégation les individus âgés de plus de soixante ans ou de moins de vingt et un ans à l'expiration de leur peine.

Des peines spéciales sont prévues à l'égard du relégué se rendant coupable d'évasion ou de tentative d'évasion.

La loi indique, en outre, que des règlements d'administration publique détermineront:

L'organisation des pénitenciers;

Les conditions auxquelles des concessions de terrains provisoires ou définitives pourront être accordées aux relégués;

Les conditions des engagements de travail à exiger des relégués;

Le régime et la discipline des établissements et chantiers où seront employés les relégués.

Le premier règlement d'administration publique a été rendu le 26 novembre 1885; son trait le plus saillant, en ce qui concerne l'exécution de la loi dans les colonies pénitentiaires, est la division des relégués en deux catégories, chacune de ces catégories étant soumise à un régime bien différent. Les relégués individuels, en effet, ainsi que l'a prescrit ultérieurement le décret du 25 novembre 1887, sont uniquement tenus, sous certaines mesures de police, de résider dans la colonie. Les relégués collectifs, au contraire, sont internés sur des établissements spéciaux de préparation ou de répression et soumis à une discipline sévère.

Le régime disciplinaire des relégués collectifs aux colonies a été établi par le décret du 22 août 1887, dont la caractéristique est l'obligation absolue du travail et la délivrance journalière d'une ration de vivres réduite, qu'on peut appeler ration d'entretien, et que le relégué ne peut améliorer qu'avec le produit de la rémunération qui lui est accordée, s'il accomplit la tâche qui lui est assignée sur le chantier ou dans l'atelier.

Des punitions disciplinaires sévères sont prévues à l'égard des relégués qui refusent de travailler ou qui commettent d'autres infractions aux règlements des établissements de dépôt.

Établissements pénitentiaires. — Pendant la première période de la transportation à la Guyane, c'est-à-dire de 1852 à 1865, de nombreux établissements furent créés ; leur nombre s'éleva au chiffre de 17. La plupart d'entre eux furent successivement évacués par suite de la mortalité considérable qui s'y produisit. Cet état sanitaire défavorable était, il est vrai, attribué aux défrichements qui devaient forcément s'exécuter au moment de l'occupation de chaque centre.

On a critiqué beaucoup toutes ces évacuations précipitées qui, selon certains avis, s'effectuaient juste au moment où l'Administration allait, sans doute, recueillir le bénéfice de ses premiers sacrifices. Dans la première notice annuelle publiée sur la transportation par le Ministère de la Marine et des Colonies se trouve le passage suivant, qui paraît indiquer à quel intérêt supérieur on a obéi en agissant comme on l'a fait : « Aux prises avec des difficultés terribles, qui engageaient au plus haut point sa responsabilité, l'Administration n'hésita jamais entre le devoir que l'humanité lui imposait et l'intérêt de son œuvre. Là où des colons libres, luttant à leurs risques et périls, eussent peut-être persévéré, l'Administration préféra reculer plutôt que d'avoir à rendre compte d'un succès trop chèrement acheté. »

Les effectifs de la transportation et de la relégation sont actuellement répartis entre quatre établissements principaux, qui sont :

Les îles du Salut, Cayenne, Kourou et le Maroni.

Aux pénitenciers de Cayenne et de Kourou sont attachés divers centres annexes ; quant à l'établissement du Maroni, qui est le plus important, il comprend avec deux dépôts, l'un pour les transportés, l'autre pour les relégués, diverses exploitations secondaires et un centre de concessionnaires.

Iles du Salut. — Les îles du Salut, situées à la hauteur de l'embouchure de la rivière de Kourou et à 7 milles en mer, sont distantes de 27 milles de Cayenne ; elles forment un groupe de trois îles, séparées l'une de l'autre par un chenal étroit, et furent occupées par l'Administration pénitentiaire dès le début de la transportation.

Ces îles possèdent un mouillage sûr où jettent l'ancre les navires auxquels leur tirant d'eau ne permet pas l'accès de la rade de Cayenne. Le paquebot de la Compagnie transatlantique qui fait le service mensuel entre la Martinique et la Guyane fait escale à l'aller comme au retour aux îles du Salut et y dépose ou y prend la correspondance destinée à l'Europe ou en provenant ; un bureau de poste spécial fonctionne à cet effet.

L'effectif de ce pénitencier est très variable ; normalement il ne comprend que 700 transportés, mais le nombre des condamnés s'élève considérablement à l'arrivée de chaque convoi : les îles, en effet, servent de dépôt et les transportés y séjournent un certain temps, tant pour permettre leur classification et leur répartition par catégories que pour les immatriculer et compléter leur vestiaire. Les condamnés qui arrivent de France sont internés à l'île Saint-Joseph, qui a récemment été aménagée pour cet objet et sur laquelle sont placés les impotents ainsi que les aliénés.

L'île Royale, où sont installés le Commandant et les différents services administratifs ainsi que les magasins d'approvisionnement, possède un immense hôpital sur lequel sont évacués les condamnés malades des établissements de Cayenne et de Kourou. C'est également dans cette île que sont organisés les ateliers de couture, de cordonnerie et de chapellerie; la chaussure et les effets d'habillement ainsi que les objets de couchage à l'usage des transportés y sont confectionnés.

Palmier bifurqué.

La difficulté des évasions et la possibilité du maintien d'une discipline plus sévère ont porté à désigner l'île Royale comme pénitencier de répression pour l'internement des incorrigibles. Le dépôt de charbon de la marine y est également établi. Enfin, il y existe une briqueterie ainsi qu'un jardin potager, qui fournit à l'hôpital une certaine quantité de légumes.

Quant à l'île du Diable, la troisième du groupe, elle est seulement occupée par quelques transportés lépreux, qu'il a paru prudent d'isoler entièrement et qui ont pour seule occupation la récolte des cocos très nombreux dans cette île, comme d'ailleurs dans les deux autres et notamment à l'île Saint-Joseph. Aussi, dans cette dernière, fonctionne une huilerie qui manipule les noix de cocos après qu'elles ont été desséchées au soleil.

Par suite de leur excellent mouillage et de la salubrité de leur climat, dont la température est rafraîchie par les brises de mer, les îles du Salut ont déjà rendu et sont encore appelées à rendre de très grands services. La reprise de la transportation européenne a nécessité la remise en état des bâtiments dont plusieurs avaient été pour ainsi dire abandonnés et va obliger à en construire de nouveaux.

En dehors du courrier d'Europe, les îles du Salut sont en communication, deux fois par mois, avec Cayenne et les autres établissements pénitentiaires au moyen d'un service à vapeur subventioné par l'Administration. En outre, un service sémaphorique à signaux permet l'échange de dépêches par l'intermédiaire du pénitencier de Kourou, situé en face des îles, et qui est lui-même relié au chef-lieu et au Maroni par un fil télégraphique terrestre.

Cayenne. — Le pénitencier de Cayenne, éloigné d'environ 1,200 mètres de la ville, a remplacé les anciens pontons qui étaient précédemment mouillés en rade. Il est construit au bord de la mer sur un plateau peu élevé. Les bâtiments sont en maçonnerie et un mur de ronde entoure les locaux affectés aux condamnés. A proximité de l'établissement sont placés une briqueterie, un atelier de matelasserie et les écuries du service des travaux.

L'effectif des transportés qui comptent administrativement au pénitencier de Cayenne peut être évalué à 900. Mais, sur ce nombre, la moitié environ des condamnés sont répartis sur les annexes et camps environnants.

L'établissement agricole de la Montagne-d'Argent, qui avait été précédemment abandonné et donné en location à un particulier, a été réoccupé, depuis dix-huit mois, et est rattaché au pénitencier de Cayenne. Il comporte un détachement de 60 condamnés employés à la culture du café. La santé des hommes a été satisfaisante jusqu'à ce jour et on peut ainsi recueillir, après plusieurs années, le fruit de sacrifices considérables qu'on avait pu croire perdus, à la suite de l'évacuation nécessitée par la mortalité élevée qui s'était produite pendant la période des défrichements.

Le chantier forestier de l'Orapu ou Orapou, d'un effectif de 100 transportés, relève également du pénitencier de Cayenne; il est situé sur la rive gauche de la rivière dont il a emprunté le nom et à une distance d'environ 60 kilomètres de Cayenne. Ce chantier fournit à la transportation les bois de chauffage et de construction nécessaires au chef-lieu; de plus, sa production permet de faire des livraisons aux autres services publics et même aux particuliers. Les bois sont envoyés en grume et débités dans une scierie mécanique que le service de la transportation possède à Cayenne.

Enfin, le pénitencier principal du chef-lieu fournit la main-d'œuvre des camps installés pour l'entretien des routes de l'île de Cayenne et du camp établi au Rorota où se trouve la prise d'eau qui alimente la ville. Les condamnés engagés chez les habitants, dans toute la région dite du Tour de l'île, relèvent aussi du pénitencier de Cayenne.

Les transportés qui ne sont pas détachés dans les annexes ou engagés chez les habitants sont employés dans les ateliers de l'Administration pénitentiaire, des services de l'artillerie et des ponts et chaussées. La municipalité du chef-lieu en a toujours un grand nombre à sa disposition et n'emploie que cette main-d'œuvre pour la voirie, les travaux de viabilité, etc., etc.

Un service de batelage et de chalandage de la rade de Cayenne est aussi assuré par la main-d'œuvre pénale, et les services publics, comme les particuliers, y ont fréquemment recours.

KOUROU. — L'établissement de Kourou, situé sur la rive gauche et presque à l'embouchure de la rivière de ce nom, est réoccupé depuis 1882, après avoir été abandonné pendant plusieurs années. Le pénitencier principal, qui se trouve aux Roches, est considéré comme l'un des points les plus salubres de la colonie.

L'effectif de Kourou s'élève à 800 transportés répartis sur plusieurs centres. Aux Roches sont installés tous les services généraux ainsi que les magasins et une infirmerie. L'Administration y possède, en outre, une briqueterie, des ateliers de confection et de réparation de l'outillage agricole et industriel, ainsi qu'une féculerie pour la préparation du manioc. Il y existe, en plus, un très grand jardin potager et un poulailler, dont les produits sont en partie réservés pour l'hôpital des îles du Salut.

Ce pénitencier agricole a deux annexes assez rapprochées : Pariacabo et Guatémala; le premier de ces centres est une ancienne propriété, récemment achetée par l'Administration, et où des travaux de culture sont déjà entrepris sur une certaine échelle. Il a existé sur ce terrain une grande plantation de cacaoyers et une vaste caféière; les vestiges qui restent sont précieux et permettront, à assez court délai, de reconstituer ces plantations sur un bon pied.

Guatémala se trouve sur la rive opposée de la rivière de Kourou et presque en face des Roches. On y cultive en grand le manioc et on y a fait des plantations d'herbe du Para pour la nourriture des animaux à l'étable.

Kourou possède le plus beau troupeau de bétail de la Guyane. Ce troupeau, parqué pour ainsi dire dans de vastes savanes, rentre tous les soirs dans les ménageries, grands hangars où il est abrité et où il trouve une bonne litière. Les principales ménageries sont celles de Guatémala, Léandre, la Roche-Élisabeth, Carouabo et Possoura. Cette der-

CAYENNE. — Une rue après l'incendie.

nière est de beaucoup la plus importante et des travaux sérieux de drainage ont été exécutés sur les terrains qui l'environnent en même temps qu'on y a fait de grandes plantations d'herbes du Para. Les autres ménageries possèdent toutes également un ou plusieurs champs d'herbe du Para.

Possoura, où il y a environ cent têtes de bœufs ou de vaches, possède encore un troupeau de buffles. Ces derniers animaux proviennent d'une souche de quelques bêtes importées de la Cochinchine au Maroni et sont employés aux transports et à la charrue.

Bien que, par suite de la nature du climat, l'élevage du bétail, à la Guyane, exige de très grands soins, il ne paraît pas impossible, en poursuivant méthodiquement et avec persévérance l'œuvre entreprise à Kourou, de parvenir à développer l'industrie pastorale, dont les produits sont assurés de débouchés rémunérateurs.

Comme il a été dit précédemment, l'établissement de Kourou est appelé à recevoir uniquement des condamnés classés dans la catégorie des primaires, de ceux qu'un moment d'oubli, qu'une seule faute a amenés sur les bancs de la cour d'assises. Au fur et à mesure de l'arrivée des nouveaux contingents, le pénitencier est évacué par ses anciens hôtes, et des mesures sont prises pour que cette évacuation progressive s'effectue sans contact. Il sera intéressant, dans deux ou trois ans, de constater, au point de vue pénitentiaire et moral, les résultats accusés par l'expérience poursuivie sur cet établissement.

A 30 kilomètres environ des Roches a été ouvert sur la rivière un chantier forestier qui fournit aux divers centres de Kourou et aux îles du Salut des bois de chauffage et de construction.

Kourou, qui est en communication avec les îles du Salut par un sémaphore, est relié à Cayenne et au Maroni par la télégraphie électrique.

Maroni. — Le vaste territoire du Maroni, affecté à l'Administration pénitentiaire, a été délimité par les décrets des 30 mai 1860 et 5 décembre 1882, et un décret en date du 24 mars 1887 a fixé les limites respectives des territoires de la transportation et de la relégation.

Saint-Laurent du Maroni, l'établissement principal de la transportation, est situé sur la rive droite du fleuve à 30 kilomètres environ de l'embouchure et en face d'Albina, localité de la colonie hollandaise dont Surinam est le chef-lieu. C'est à Saint-Laurent que réside le commandant supérieur du Maroni et où sont installés tous les services généraux de la transportation. Il sera parlé plus loin du village occupé en majeure partie par des libérés et des condamnés concessionnaires. Un camp de transportés assure la main-d'œuvre pour l'exécution des travaux de l'Administration, l'entretien des rues et des routes et le service de battelage. Des ateliers de toutes sortes et une briqueterie ont été créés sur ce centre où les concessionnaires ruraux sont également installés.

Saint-Laurent possède une bonne rade ; mais seuls les navires dont le tirant d'eau n'est pas supérieur à 4m,20 peuvent y atterrir à cause de la barre qui se trouve à l'embouchure du fleuve. L'établissement est relié télégraphiquement par la voie de terre avec Cayenne, et est, en outre, deux fois par mois, en communication avec le chef-lieu et les autres pénitenciers au moyen d'un service subventionné de bateaux à vapeur.

L'Administration possède dans cette localité un hôpital important, des écoles et une maison de justice où sont internées les femmes envoyées de France.

A peu de distance de Saint-Laurent se trouve, au centre des concessions, Saint-Maurice, où fonctionne une usine pour la manipulation de la canne à sucre.

La ménagerie des Hattes, où il existe un troupeau important de la race bovine, ainsi que le chantier forestier de la Crique aux Vaches, dépendent aussi du pénitencier de Saint-Laurent.

Le dépôt central de la relégation est situé sur la même rive du fleuve que Saint-Laurent et à 20 kilomètres environ au-dessus de ce dernier. C'est l'ancien établissement de Saint-Jean qui a été affecté aux relégués collectifs. Tous les services de la relégation y sont concentrés et il ne possède qu'une annexe, le chantier forestier du haut Maroni, où une société privée avait entrepris une importante exploitation, dont le matériel a été, l'année dernière, acheté par l'État.

Saint-Jean ayant été abandonné depuis de nombreuses années, il n'y restait, pour ainsi dire, aucun vestige d'une occupation antérieure. Aussi, a-t-il fallu se mettre immédiatement à l'œuvre et travailler sans désemparer pour aménager le logement du personnel libre et des relégués. Les condamnés annamites ont été d'un précieux concours pour la construction des premiers abris provisoires, et au fur et à mesure de l'arrivée des convois de relégués, on a poursuivi l'édification des cases en bois envoyées de France. Ces cases en bois ne sont elles-mêmes que provisoires, et, déjà, on commence à élever des constructions définitives en fer et en briques. On a dû construire un hôpital, des magasins, une boulangerie et des ateliers.

Avec la main-d'œuvre inhabile des relégués, ces différents travaux ont été longs à exécuter, et, à l'heure actuelle, toutes les installations ne sont pas achevées, étant donné surtout que de nouveaux convois ne tarderont pas à être dirigés sur la colonie.

En définitive, jusqu'à présent la main-d'œuvre des relégués a dû exclusivement être employée aux divers aménagements nécessités par l'organisation du dépôt et des établissements de préparation. Il en sera ainsi encore pendant au moins un an ou deux.

Colonisation pénale. — Un certain nombre de transportés ont été placés en concession au Maroni, et les uns sont établis en qualité de commerçants ou d'artisans dans le village de Saint-Laurent, tandis que les autres se livrent aux travaux agricoles. La culture principale consiste dans la canne à sucre que l'usine de Saint-Maurice transforme en rhum et en tafia. On compte quelques concessionnaires qui sont arrivés, sinon à la fortune, du moins à une bonne aisance. Ceux-là sont des travailleurs et des individus de bonne conduite. Malheureusement beaucoup de transportés ne viennent pas en concession et leur insuccès doit être attribué à diverses causes.

En première ligne, il convient d'indiquer que, pendant longtemps, à la Guyane, étant donné l'effectif restreint et sa composition où dominait la race arabe, les choix de l'Administration se trouvaient très limités. L'Arabe, en général, n'aime pas le dur labeur de la terre, et, d'ailleurs, il se considère toujours comme un hôte de passage; il espère toujours que sa résidence ne sera pas perpétuelle et s'il fait des économies, c'est surtout en vue de tenter une évasion.

Harpia ferox.

En second lieu, il faut bien reconnaître que le transporté n'attache pas à la faveur de la concession tout le prix que la loi a voulu lui donner. La mise en concession, qui doit constituer une exception dont seul doit bénéficier le criminel qui a donné des gages d'un repentir sincère, n'exerce pas sur les transportés une attraction suffisante, par la raison que le régime général des pénitenciers et camps n'est pas assez sévère. S'il en était autrement, il est bien certain que l'espoir d'une demi-liberté pousserait un grand nombre de condamnés à faire de sérieux efforts pour mériter une faveur qui les soustrairait à la discipline des établissements et à l'action constante de l'Administration.

D'un autre côté, un transporté ne peut vivre de son travail sur une concession que s'il connaît bien les travaux de culture et surtout des cultures qu'il est appelé à faire. Il est donc nécessaire d'exiger de lui un apprentissage sérieux et la preuve qu'il pourra se tirer d'affaire.

Enfin, le régime des concessions, tel qu'il est établi par le décret du 31 août 1878 et la décision ministérielle du 16 janvier 1882, en assurant au concessionnaire la délivrance gratuite des vivres pendant 30 mois, l'habitue trop à compter sur les secours de l'Administration et ne l'invite pas au travail.

Il faut bien reconnaître, d'ailleurs, qu'à la Guyane la colonisation pénale n'a été tentée que sur une échelle bien restreinte. L'expérience, au contraire, a pu, en Nouvelle-Calédonie, se poursuivre dans des conditions plus favorables et sur un plus grand pied. Il n'est pas douteux que l'Administration, éclairée par les résultats et connaissant maintenant les causes de l'insuccès d'un certain nombre de concessionnaires, ne trouve un remède à la situation. Il suffirait, sans doute, de rendre plus sévère le régime général, d'exiger un apprentissage de la part des transportés sollicitant une concession et de modifier le mode actuellement en vigueur pour l'octroi des concessions. Déjà quelques-unes de ces réformes ont été entreprises et les autres, tout le fait espérer, ne tarderont pas à être réalisées.

Commune pénitentiaire du Maroni. — Par un décret en date du 16 mars 1880, une commune spéciale a été créée à Saint-Laurent du Maroni. La commission municipale qui administre cette commune est composée de fonctionnaires sous la présidence du commandant supérieur. Les prérogatives dont jouit la commune pénitentiaire se rapprochent beaucoup des attributions dévolues aux municipalités de plein exercice, sans être toutefois aussi étendues ; l'action administrative est naturellement plus immédiate.

Le budget communal de Saint-Laurent permet d'assurer dans d'excellentes conditions le développement du village qui, après Cayenne, est certainement la localité la plus importante de la colonie. Des transactions nombreuses ont lieu avec les Indiens et aussi avec les prospecteurs qui fréquentent la région, surtout depuis la découverte des terrains aurifères de l'Aoua.

On peut aussi, avec les ressources dont on dispose, encourager la colonisation, et, le cas échéant, lui venir en aide. La commune peut donc ainsi prêter à l'Administration un précieux concours.

Emploi de la main-d'œuvre pénale. — Services rendus a la colonie par l'Administration pénitentiaire. — Les condamnés sont employés à des travaux de toutes natures : ils assurent la construction et l'entretien des nombreux bâtiments des divers établissements pénitentiaires ; ils confectionnent les objets de chaussure et d'habillement qui composent leur vestiaire ; ils sont affectés aux travaux de culture, de l'élève du bétail et de l'exploitation des forêts ; ils fabriquent des barques, font à neuf et réparent les outils et le matériel agricoles. A Cayenne, la main-d'œuvre pénale est largement répartie entre les différents services publics et notamment au service de la municipalité.

Ce sont les condamnés qui ont construit et entretiennent les quelques routes situées dans l'île de Cayenne. La ligne télégraphique qui part du chef-lieu, pour aboutir au Maroni, a été construite par la main-d'œuvre pénale et des équipes de condamnés, placées de distance en distance, veillent à son entretien de chaque jour.

On a reproché et on reproche bien souvent encore à l'Administration pénitentiaire d'avoir fait et de faire bien peu avec la main-d'œuvre considérable dont elle dispose et chaque fois qu'on parle des bras de la transportation et de la relégation, on ne manque pas de citer le chiffre de l'effectif total. Il y a certainement quelque chose de fondé dans les critiques qu'on adresse à l'Administration pénitentiaire relativement au rendement de la main-d'œuvre dont elle dispose; mais combien aussi ces critiques sont exagérées et combien peu cette question est connue!

L'Administration n'a pas, comme un entrepreneur, le choix de ses ouvriers; elle est dans l'obligation d'utiliser, dans les meilleures conditions possibles, une main-d'œuvre dont la qualité laisse à désirer et dont la composition est loin de lui permettre d'assurer tous les besoins et toutes les demandes qu'elle a à satisfaire. En général, il y a peu de bons ouvriers dans la population des criminels, et si, à la rigueur, on en trouve encore quelques-uns parmi les transportés, parmi les relégués ils sont excessivement rares.

D'un autre côté, il y a lieu de considérer que l'expatriation étant obligatoire à l'égard des individus condamnés aux travaux forcés, des convois de cette catégorie envoyés aux colonies comprennent un grand nombre d'impotents et d'individus usés. De quel concours pour les travaux peuvent donc être de tels éléments? En outre, la transportation étant prononcée contre tout individu jusqu'à l'âge de soixante ans, beaucoup de condamnés n'ont plus aucune vigueur et ne peuvent pas être employés à des travaux pénibles. Enfin, il faut compter avec la période d'acclimatement, avec les maladies et avec les nécessités du régime disciplinaire.

En ce qui concerne les relégués, la situation est au

moins aussi mauvaise. Ces gens usés et sans métiers sont d'une utilisation difficile. Toutes ces causes réunies se traduisent par un nombre considérable de non-valeurs qui pèsent lourdement et pèseront toujours sur la situation économique de la transportation et de la relégation. La classe des invalides, des infirmes et des valétudinaires, toujours si nombreuse dans une société que le vice recrute, fait donc ressortir un chiffre très élevé d'indisponibles. C'est tout au plus si l'on peut tabler sur 60 p. 100 de travailleurs pouvant chaque jour être envoyés sur les chantiers et dans les ateliers; la perte serait donc de 40 p. 100 et elle est assez sérieuse pour entrer en ligne de compte dans les calculs qui peuvent être établis relativement à l'emploi des bras dont peut disposer l'Administration.

L'ourari.

Les considérations qui précèdent, si elles ne démontrent pas la complète inanité des critiques adressées au service pénitentiaire colonial en ce qui a trait au rendement de la main-d'œuvre, en atténuent cependant, dans une large mesure, la portée.

Il est un autre reproche encore que les habitants de la Guyane formulent contre l'Administration pénitentiaire; ils se plaignent des inconvénients que leur impose la présence de la transportation et de la relégation et prétendent qu'ils n'en retirent aucun bénéfice, aucun avantage. Il est bien certain que les transportés et les relégués ne sont pas des hôtes très agréables et que leur contact est de nature à gêner un peu les autres habitants du pays ; mais quant à prétendre que les inconvénients de la présence de ces éléments ne sont pas en partie compensés par les profits qui en résultent, c'est là une affirmation qu'il est facile de contredire.

L'Administration pénitentiaire, en effet, entretient dans la colonie un personnel nombreux qui est une source de revenus pour les propriétaires et le commerce ; elle dépense dans le pays une grande partie des crédits qui lui sont chaque année alloués par le Parlement et ce sont encore les commerçants qui en profitent.

Dans un autre ordre d'idées, cette administration, qui a créé la ligne télégraphique du Maroni et qui subventionne les bateaux à vapeur qui font le service régulier entre les différentes localités de la colonie et effectuent même un voyage mensuel à Démérari, dans la Guyane anglaise, voyage en concordance avec un courrier d'Europe, cette administration ne vient-elle pas encore en aide au pays en accordant de la main-d'œuvre aux Ponts et Chaussées, à la municipalité de Cayenne et à un grand nombre d'habitants ? Ne sont-ce pas les transportés qui, au lendemain de l'incendie récent de la ville et après avoir été d'un précieux concours au moment du danger, ont été employés au pénible travail de l'enlèvement des décombres des matériaux, travail qui a exigé plusieurs mois ? Ne sont-ce pas encore les transportés qui ont construit la conduite qui amène les eaux du Rorota, distant d'environ 14 kilomètres de la ville de Cayenne ?

L'Administration pénitentiaire a, à la Guyane, une œuvre difficile à accomplir ; il importe de la laisser poursuivre son entreprise sans troubles et avec tout le soin, toute l'attention qu'exige la solution d'un problème social de la plus grande portée.

DÉFENSE. — La Guyane n'est pas un point stratégique, et son importance commerciale n'est pas assez grande, pour attirer actuellement l'attention de l'ennemi ou exciter sa convoitise. En cas d'attaque, notre colonie a mieux qu'une fortification élevée par la main de l'homme; l'immense glacis de ses côtes défend son approche contre tout navire de haut bord. Il serait difficile de venir canonner la ville de Cayenne, même avec des pièces de longue portée, sans s'exposer à échouer sur les hauts fonds qui se prolongent très loin dans la mer et garantissent le littoral.

C'est cette fortification naturelle qui met la ville de Cayenne à l'abri d'un coup de main. Le fort Cépérou et quelques batteries insignifiantes, tous armés d'une vieille artillerie, ne sont qu'un complément très imparfait de cette défense naturelle.

La station locale de la Guyane se compose de 2 bateaux : un aviso de première classe et un aviso de deuxième classe, avec deux canons, chacun commandés par deux lieutenants de vaisseau.

La garnison est composée de six compagnies d'infanterie de marine, d'une demi-batterie d'artillerie et d'un détachement de gendarmerie.

Saut de l'Oyapock.

CHAPITRE IV

Économie politique et sociale.

Population. — Principaux centres de population. — Agriculture. — Commerce. — Industrie. — Exploitations forestières. — Concessions et acquisitions des terres domaniales. — Travailleurs du pays. — Immigrations africaine et indienne. — Immigration européenne. — Hygiène. — Moyens de communication. — Télégraphe. — Budgets. — Situation monétaire. — Banque. — Considérations générales sur le relèvement de la Guyane.

POPULATION. — Les chiffres fournis par les statistiques sur la population de la Guyane ne paraissent pas d'une bien grande exactitude, attendu qu'ils ne sont basés sur aucun dénombrement. Une seule tentative de recensement a été faite en 1882, mais elle ne fut pas conduite à bonne fin, de telle sorte qu'on ne peut encore donner qu'une évaluation approximative.

On évalue à 8,500 le nombre des habitants de Cayenne et à 12,000 celui de la population répandue dans l'intérieur. Ce dernier chiffre ne comprend ni la population pénale ni les quelques tribus indigènes qui errent dans le haut des rivières.

Parmi ces tribus, les Roucouyennes et les Émerillons paraissent les plus populeuses. Les autres, Oyampis, Aramichau, sont divisées en familles peu nombreuses, presque toutes placées en dehors de notre sphère d'action.

Il faut encore signaler une petite peuplade, les Oyacoulets, remarquable surtout par ses mœurs guerrières. Seuls ils opposent quelque résistance aux noirs d'origine africaine qui ont pris possession de la bifurcation de l'Aoua et du Tapanahony.

C'est à la suite de la guerre civile qui mit si longtemps en danger la colonie hollandaise, que ces esclaves révoltés vinrent se fixer sur notre territoire.

Ils s'y sont groupés en diverses tribus : les Youcas, les Polygodoux et les Bonis.

Ces derniers, fuyant la domination que les Youcas ou Bosch (nègres des bois) prétendirent exercer sur eux, se sont, par étapes successives, rapprochés de nos établissements du Maroni.

Il est difficile de déterminer le chiffre de cette population nouvelle, qui se développe lentement dans ces régions reculées, chassant autour d'elle les tribus aborigènes. Le nombre peut en être évalué à trois ou quatre mille. C'est le groupe le plus important que recèle dans ses lointaines profondeurs l'immensité inculte de la Guyane.

Principaux centres de population. — Cayenne, chef-lieu de la colonie, a une population qui représente les trois cinquièmes des habitants du pays. Ce fut notre premier établissement dans la France équinoxiale ; sa fondation remonte à l'année 1634.

Les autres centres de population sont les suivants :

Sinnamary.	1,509	habitants.
Mana	1,668	—
Roura.	1,134	—
Approuague	1,044	—
Macouria.	789	—
Oyapock.	755	—

A l'exception de Sinnamary et de Mana, où il existe une certaine agglomération, dans les autres communes les habitants sont disséminés sur de très vastes étendues, dans les savanes, et c'est à peine si l'on rencontre quelques cases groupées autour de l'église et de la maison commune. Cependant l'occupation de quelques-uns des points indiqués est déjà fort ancienne et remonte au XVIIe siècle.

Il n'est pas parlé ici de Saint-Laurent du Maroni, village situé sur le territoire affecté à l'Administration pénitentiaire et dont il a été fait déjà mention dans un précédent chapitre.

Agriculture. — La Guyane, qui fut autrefois une colonie essentiellement agricole et qui tirait toutes ses ressources de la terre, notamment par l'exportation des denrées dont le pacte colonial lui assurait un écoulement rémunérateur sur le marché de la métropole, la Guyane, aujourd'hui, n'est pas cultivée. Cette situation défavorable provient de plusieurs causes, dont les deux principales, on pourrait presque dire les deux uniques, sont l'abolition de l'esclavage intervenue sans transition et la découverte de l'or.

M. Leveillé, professeur à la Faculté de droit de Paris, s'exprime ainsi, dans un opuscule qu'il a publié, à la suite d'une mission dont il avait été chargé dans notre colonie de l'Amérique du Sud : « L'abolition de l'esclavage, si légitime qu'elle fût, ouvrit une crise violente. Le principe sacré, en vertu duquel un homme ne peut devenir la propriété d'un autre, triompha; mais la prospérité de la colonie fut ébranlée. Du jour au lendemain, en effet, sans transition, les ateliers chômèrent faute de bras; les établissements sucriers furent fermés et de grandes fortunes patrimoniales s'effondrèrent pour toujours. Quand je parcourais la campagne, il y a quelques mois, je rencontrais trop souvent des vestiges du passé : ici des chaudières abandonnées, là des cheminées d'usine abattues; le sol était jonché de ruines, et je me demandais, anxieux : La Guyane pourra-t-elle revivre? »

Si l'abolition subite de l'esclavage — qui s'imposait comme un principe inflexible de justice, mais dont on aurait pu prévenir et régler les effets économiques immédiats, — si la négligence des propriétaires à se pourvoir d'autres travailleurs pour le sol, ont porté à la grande propriété un coup dont elle n'a pu se relever, la découverte de l'or a été non moins nuisible à la petite et moyenne culture. Enfin les sources de l'immigration taries depuis quelques années sont encore venues aggraver cette situation, de telle sorte qu'actuellement la Guyane ne produit pour ainsi dire plus rien en comparaison de ce que la richesse de son sol permettrait d'espérer.

En même temps que l'abandon progressif de l'agriculture par la main-d'œuvre, des causes spéciales de déchéance atteignaient par surcroît les deux cultures principales de la colonie, le sucre et le roçou.

Pour le sucre, la situation géographique de la colonie,

CAYENNE. — PLACE DU GOUVERNEMENT.

la main-d'œuvre plus chère, la longueur des opérations de chargement et de déchargement, la baisse continuelle des prix, la concurrence des Antilles placées dans le grand courant commercial de la mer du Mexique, avaient concouru à en ruiner la production. L'année 1882 vit s'éteindre le dernier établissement sucrier situé sur une terre exceptionnellement fertile et aidé par les secours réitérés du budget local.

Le rocou, dont pourtant la fabrication persiste encore, a eu l'inconvénient de dépasser sans cesse la consommation annuelle. A chaque récolte abondante, il se produisait des engorgements périodiques dont profitait l'industrie métropolitaine pour constituer de longs approvisionnements. La denrée avilie ne payait pas ses frais de culture et de manipulation. On a vu maintes fois les colons pris de découragement abattre les plantations et abandonner cette ingrate industrie. Mais bientôt le cours du rocou, par l'effet même de cette défaveur et de cet arrêt dans la production, remontait plus haut et chacun reconstituait à l'envi ses anciennes plantations, mais toujours avec un excès qui rouvrait les anciennes alternatives.

Et cependant peu de pays offrent autant de ressources à l'agriculture que la Guyane. Toutes les épices, toutes les céréales, tous les fruits des tropiques peuvent y être récoltés ; beaucoup de plantes d'Europe et des autres colonies y ont été acclimatées. Le poivre, le girofle, la muscade, la cannelle, le café, le cacao qui pourraient donner de grands bénéfices y sont cultivés en quantité à peine suffisante à la consommation locale.

Le *couac*, qu'on fabrique avec le manioc du pays, et qui est la base de la nourriture créole, est préparé dans la colonie en quantité tellement insuffisante qu'on se trouve dans l'obligation d'en importer du Territoire contesté et du Para.

Les animaux de boucherie consommés à la Guyane proviennent presque en totalité du Brésil et de l'Orénoque. Les vastes savanes de la colonie se prêteraient cependant à l'élève du bétail sur une grande échelle.

Le marché alimentaire de Cayenne est si mal approvisionné et les légumes y sont si peu abondants que la vie de chaque jour devient un véritable problème. Les fruits, pourtant si renommés et dont le prix était autrefois, grâce à leur abondance, si peu élevé, sont aujourd'hui de plus en plus rares. On ne replante plus les arbres, on ne se donne plus même la peine de greffer.

En résumé, la nature partout a repris ses droits, les anciens champs sont envahis par une végétation dont le développement va chaque jour s'accentuant davantage. Cette situation défavorable multiplie les difficultés de l'existence et est une cause de renchérissement excessif de toutes les denrées.

COMMERCE. — Cayenne et Saint-Laurent du Maroni sont les deux seuls points de la colonie où s'effectuent des transactions commerciales importantes. Le seul commerce qui s'y fait, d'ailleurs, est maintenant celui de l'importation et de la revente des marchandises.

La diminution constante de la population est pour le commerce une cause de stagnation et l'incendie récent de la partie la plus importante de la ville de Cayenne est venu encore augmenter ses embarras. Les commerçants, en dehors de la clientèle nombreuse des fonctionnaires, employés et agents de l'Administration et surtout de ceux entretenus par le budget pénitentiaire, n'ont pour débouché que les placers.

Déduction faite de la production aurifère, les exportations atteignent à peine le chiffre annuel de 300,000 francs.

Si l'on vérifie, dans les statistiques de la douane métropolitaine les provenances aurifères de la Guyane, on constate qu'il entre 7 millions d'or dans les ports de la métropole, tandis qu'à la sortie la valeur déclarée ne dépasse pas 5,000,000 de francs pour 1,800 kilogrammes. Cette différence de 2 millions représente le métal dérobé à l'action du fisc local et soustrait aux droits imposés sur la matière.

Quant aux importations, elles s'élèvent à 5,800,000 francs; mais les approvisionnements destinés aux différents services publics, troupes, marine, pénitenciers, rentrent pour moitié, au moins, dans ce chiffre.

INDUSTRIE. — L'industrie, à la Guyane, se résume exclusivement dans l'exploitation des alluvions et des quartz pour la recherche de l'or. On ne saurait, en effet, faire entrer sérieusement en ligne de compte une briqueterie, une seule rocouerie et deux fabriques de tafia, dont les produits, d'ailleurs, sont très limités et sont tous, à l'exception du rocou, consommés dans le pays auquel ils ne suffisent même pas.

C'est en 1854, nous l'avons dit plus haut, que l'or fut découvert à la Guyane. Une véritable fièvre s'empara alors des habitants du pays, et tous les hommes valides abandonnèrent leurs occupations pour le pic du prospecteur.

Jusqu'à ce jour, les mines d'or n'ont pas été une cause de prospérité réelle. La recherche de l'or a absorbé toutes les forces vives de la population sans l'enrichir d'une façon normale et durable. Si le hasard favorise certaines exploitations, combien d'autres échouent ou sont mal rémunérées du fait de l'éloignement des placers, joint à la difficulté des communications et au prix élevé du transport des vivres.

Il paraît exister deux catégories distinctes de filons dans es quartz aurifères de la Guyane, différant par l'orientation et la richesse.

Ceux du nord-ouest se caractérisent par de larges

mouches d'or superficielles et par l'irrégularité de leur teneur, au total peu élevée. Leur influence a été considérable sur les alluvions riches, issues de la désagrégation des affleurements. Ce dernier phénomène a produit les grosses pépites, l'or en poche, c'est-à-dire des nids très abondants, localisés au milieu de sédiments stériles.

Huttes roucouyennes.

Les parties que l'action des eaux n'a pas encore délitées paraissent pauvres en raison précisément du peu de régularité de la matière aurifère répandue dans la masse minérale de ces quartz. L'exploitation présente beaucoup d'incertitude.

C'est à égale distance de la côte et de la chaîne des Tumuc-Humac que se rencontrent les filons les plus abondants en métal précieux.

Leur direction est Est et Ouest, moins apparente comme aspect extérieur; et pourtant ils offrent des colonnes d'une richesse régulière et continue en profondeur.

On ne sait rien encore sur leur tendance à se coucher en profondeur et par conséquent quelle est leur inclinaison moyenne sur l'horizon. Il est à supposer qu'elle varie entre 30° et 90° comme les filons du Caratal de même orientation.

C'est sur ces derniers gisements que repose l'avenir industriel de la colonie, sa grande production future.

Au début de la découverte de l'or, on s'est borné aux recherches de surface, au lavage des alluvions. Maintenant on commence l'extraction des quartz et le travail semble devoir se régulariser. Il ne peut, dans ces conditions, être entrepris qu'au moyen de puissantes et coûteuses machines exigeant un important capital de première mise. Au moment même où quelques grandes Compagnies venaient de procéder au montage et à l'installation de leur matériel spécial, un événement imprévu est venu jeter une certaine désorganisation dans les ateliers. De l'or d'alluvion avait été découvert en grande quantité dans le territoire de l'Aoua, situé dans le haut Maroni. Une fièvre aussi intense que celle qui éclata à l'époque de la première découverte s'empara des travailleurs ; beaucoup désertèrent leurs chantiers et, à la suite du retour à Cayenne de quelques prospecteurs heureux, il se produisit un tel affolement, que les habitants des savanes ne purent résister au désir de faire eux aussi promptement fortune. Si quelques-uns ont réussi, combien est grand le nombre des malheureux qui ne sont pas revenus de l'Aoua ou qui en ont rapporté, avec bien peu d'or, des fièvres qui ont à jamais ruiné leur santé !

Ici se place une observation qui a attiré l'attention de bien des gens sérieux : on se demande comment il se fait que la Guyane, qui possède d'incontestables richesses aurifères, n'ait pas été l'objet d'un courant d'immigration puissant, tels que ceux qui, dans des circonstances analogues, se produisirent vers la Californie et l'Australie? Les causes n'en seraient-elles pas la différence du climat, les fatigues qu'on endure et les obstacles souvent insurmontables qu'on rencontre pour se rendre sur les placers, et enfin la vie difficile et périlleuse qu'on est obligé d'y mener?

La législation minière présente à la Guyane de nombreuses lacunes et les dispositions en vigueur, empruntées pour la plupart aux règlements qui régissent la matière dans la métropole, ne sont appropriées ni au milieu ni aux conditions spéciales des exploitations. Il en résulte forcément de nombreuses contestations et une indécision regrettable dans l'assiette de la propriété minière. L'Administration locale a, il est vrai, mis à l'étude un projet qui paraît donner satisfaction aux intérêts en cause; mais il serait à désirer que la solution définitive de cette grave question ne se fasse plus bien longtemps attendre.

L'élévation des salaires et le manque de bras imposent de lourdes charges aux sociétés qui entreprennent l'exploitation des quartz aurifères; si en outre leur propriété se trouve régie par une législation instable pouvant, d'un moment à l'autre, modifier les obligations qui leur sont imposées, il est évident qu'elles reculeront devant les dépenses onéreuses de premier établissement.

La découverte de l'or a amené des habitudes de paresse qui sont de nature à porter une grave atteinte à la moralité publique. Un ouvrier des placers travaille quelques mois et lorsqu'il a acquis, ce qui demande peu de temps, une certaine somme, il revient à Cayenne où il peut ainsi vivre, pendant longtemps dans l'oisiveté.

Les entreprises minières ne sont pas seulement grevées par la rareté ou l'irrégularité de la main-d'œuvre : poursuivies au fond des forêts, dans des parages lointains, elles souffrent de l'absence de voies de communication. L'établissement de chemins de fer à voie étroite donnerait à ces entreprises une extension rapide et permettrait l'exploitation des terrains de richesse même secondaire.

Il est à désirer, pour la Guyane, que l'industrie aurifère parvienne peu à peu à se régulariser, à se transformer et qu'ainsi elle devienne pour le pays une cause de richesse et de développement.

Exploitations forestières. — Les forêts immenses, qui couvrent la plus grande partie du territoire de la Guyane, sont très riches en essences rares et précieuses. Les exploitations les plus importantes ont toujours été celles de l'Administration pénitentiaire. Un seul particulier possédait naguère encore d'assez importants chantiers, qu'il exploitait au moyen de la main-d'œuvre pénale, et dont il écoule facilement les produits à Cayenne. Cette exploitation privée a été récemment reprise par l'État.

Les bois de la Guyane sont très estimés en France et des essais faits dernièrement à Nantes ont permis de reconnaître que de nombreuses essences pouvaient être utilisées avantageusement pour l'ébénisterie. Des échantillons variés de ces bois ont été exposés, à l'Esplanade des Invalides, dans le pavillon des Colonies. On peut y voir aussi quelques meubles fabriqués en bois du pays et dont l'assortiment des nuances, les ombres et le grain produisent un effet aussi varié qu'agréable à l'œil.

Il est malheureusement une cause qui rend relativement onéreuses, dans le pays, les exploitations forestières : c'est la dissémination des essences ; contrairement à ce qui a lieu, généralement en Europe et dans d'autres régions de l'Amérique, à la Guyane les essences ne sont pas groupées sur le même point par familles. Dans un hectare, il ne se trouve parfois que quelques sujets appartenant à la même essence ; de là résultent les difficultés que l'on rencontre et les recherches souvent longues auxquelles il faut se livrer pour faire entrer dans la composition d'un envoi une certaine quantité de bois de la même famille. Malgré cette dissémination excessive, la variété des bois et la multiplicité de leur emploi est telle qu'une exploitation pourvue de puissants moyens d'action, et pouvant utiliser sur place les essences les moins précieuses, pourrait donner de bons résultats. L'exportation des bois de qualité supérieure est assurée d'un bénéfice très rémunérateur.

CONCESSIONS ET ALIÉNATIONS DES TERRES DOMANIALES. — On

Employé des mines et porteur.

ne compte actuellement que 38,000 hectares de terres aliénées, dont la 12e partie à peine est en culture.

La législation actuelle permet de concéder des terres à raison de 25 francs par hectare, avec faculté d'acquitter la redevance en argent ou en nature, c'est-à-dire en prestations personnelles pour confection de routes et canaux. Les concessions et aliénations sont peu fréquentes et ce n'est pas, pourtant, le terrain qui manque. Il existe des quantités considérables de terres à culture de première qualité, c'est-à-dire des terres vierges, dont le sol, sans un travail bien pénible, pourrait produire les denrées les plus variées.

Travailleurs du pays. — La Guyane, le fait est incontestable, manque de bras et ne cesse d'en réclamer. Les gens valides du pays désertent les ateliers et les habitations pour se rendre aux placers, et encore leur nombre est-il insuffisant. Un ouvrier sur les mines gagne de 3 à 6 francs par jour et il est nourri, logé et hospitalisé, le cas échéant. Les créoles, qui sont intelligents, parviennent facilement à faire d'excellents ouvriers menuisiers, ébénistes, charpentiers, charrons, couvreurs, etc.; mais le plus grand nombre d'entre eux, après l'apprentissage, abandonnent les ateliers pour courir aux mines. Il se produit, depuis quelques années, un courant d'immigration des Antilles françaises : les travailleurs de cette provenance, chez lesquels les femmes sont en majorité, viennent surtout pour se placer comme domestiques, attirés qu'ils sont par l'élévation des gages. On ne peut pas avoir une domestique très ordinaire à Cayenne à moins de 30 francs par mois, le logement et la nourriture.

Immigration africaine et indienne. — L'immigration africaine est interdite à la Guyane depuis 1862, et les individus de cette provenance, qui sont peu nombreux d'ailleurs, ne sont plus soumis depuis longtemps à aucun engagement de travail. Quant à l'immigration indienne, elle a pris fin depuis 1877 et les quelques coolies qui sont encore dans la colonie attendent la première occasion pour être rapatriés.

L'absence de toute immigration paralyse absolument tout développement; aussi les habitants de la Guyane ne laissent-ils passer aucune occasion pour réclamer les bras qui leur seraient nécessaires. Les pouvoirs locaux se préoccupent de cette question qu'ils considèrent, pour leur pays, comme étant de la plus grande importance, et leurs efforts pour amener une solution, s'ils n'ont pu encore être couronnés de succès, n'en sont pas moins méritants.

La Guyane agricole ne pourra se relever que le jour où elle pourra compter sur une main-d'œuvre abondante, à bon marché, et composée de travailleurs pouvant facilement s'acclimater et résister aux influences débilitantes du climat. La race jaune paraît, mieux que tout autre, posséder toutes les qualités requises pour donner satisfaction aux besoins de la colonie. Les services que rendent à l'Administration pénitentiaire les Annamites transportés, la facilité avec laquelle ils s'acclimatent, leur résistance au climat qui a tant d'analogie avec celui de leur pays d'origine, démontrent tout le parti que la Guyane pourrait tirer d'une immigration de cette nature.

Immigration européenne. — Jusqu'à ce jour, il n'y a pas eu, à proprement parler, d'immigrants européens introduits dans la colonie. Quelques Européens sont venus à la Guyane depuis la découverte de l'or comme directeurs ou administrateurs des placers. Plusieurs maisons de commerce ont également des Européens à leur tête.

La population ouvrière locale est tellement réduite qu'elle ne peut suffire aux besoins du pays. Dans ces conditions, on peut se demander si des ouvriers européens appartenant aux professions de menuisiers, charpentiers, charrons, etc., etc., ne trouveraient pas facilement à gagner un salaire rémunérateur.

Climat. — Comme tous les pays équatoriaux, la Guyane se caractérise par l'uniformité de son climat. Le thermomètre ne varie guère que de 24 à 32 degrés et l'année se partage en deux saisons bien tranchées, l'une spécialement humide, l'autre excessivement sèche.

Dans la saison des pluies, l'hygrométrie de l'atmosphère

est considérable et sa moyenne ne s'élève pas à moins de 90 degrés. C'est le résultat de 250 jours de pluie environ donnant une hauteur annuelle de 3m,5.

Dans la saison sèche, le ciel sans nuages est toujours d'une clarté absolue. Tout se dessèche, la végétation jaunit et les herbes meurent sur le sol durci.

Ce sont ces alternatives qui favorisent la végétation arborescente de la Guyane et maintiennent le pays à l'état de vastes forêts.

Généralement, les pluies commencent au mois de décembre et se prolongent jusqu'en juillet. Avril, mai et juin représentent leur période d'intensité. Elles sont coupées, en mars, par une courte période de beau temps appelée le petit été de mars. Durant le reste de l'année, à l'exception de quelques pluies sporadiques, le soleil darde continuellement ses rayons enflammés.

Le climat de la Guyane est très sain, si l'on évite les excès, particulièrement préjudiciables dans les pays qui constituent un habitat nouveau et nécessitent une adaptation nouvelle de l'organisme.

HYGIÈNE. — Étant donné le climat de la Guyane, l'hygiène à observer est celle de tous les pays chauds. Il faut surtout se garantir de l'anémie et de la déperdition des forces occasionnée par la tiédeur habituelle de la température et les excès de transpiration. La prophylaxie est toute indiquée : elle consiste principalement dans une nourriture riche en aliments azotés, substantielle plutôt qu'abondante, dans un exercice modéré et la régularité des habitudes.

MOYENS DE COMMUNICATION. — La Guyane présente le double inconvénient d'être relativement isolée du dehors et presque absolument isolée d'elle-même; elle est mensuellement reliée avec la France par les paquebots de la Compagnie générale transatlantique. Un départ a lieu le 10 de chaque mois de Saint-Nazaire et le paquebot, après avoir touché à la Guadeloupe, fait escale à la Martinique. Là, un service annexe est organisé sur la Guyane avec escale à Sainte-Lucie, la Trinitad, Démérari et Surinam. La traversée entre France et la Guyane s'effectue en 20 jours.

Une ligne commerciale de navires à voiles, qui a l'entreprise des transports de l'Administration, part à des époques indéterminées du port de Nantes et effectue de 12 à 14 voyages par an.

Enfin, les communications avec l'extérieur sont, en outre, assurées, une fois par mois, par l'un des vapeurs affrétés par l'Administration pénitentiaire. Ce bateau se rend à Démérari (Guyane anglaise), et son voyage coïncide avec le départ et l'arrivée d'un courrier d'Europe. Accidentellement, un navire à vapeur, appartenant à un commerçant de Cayenne et affecté au transport du bétail, entre l'Orénoque et la Guyane, prend des correspondances à destination ou provenant de Démérari.

Roucouyonnes.

A l'intérieur de la colonie, le seul service régulier, par eau, est celui organisé pour assurer les communications entre les divers établissements pénitentiaires et qui en même temps dessert certaines localités dans lesquelles il transporte les approvisionnements destinés aux placers. Il existe, en outre, quelques goélettes appelées dans le pays *tapouyes*, et qui font le cabotage sur la côte et dans les rivières.

Sous le rapport des routes, la Guyane est bien peu favorisée. Seule l'île de Cayenne possède des voies de communication suffisantes et bien entretenues; leur longueur est d'environ 50 kilomètres. Il existe bien encore 150 kilomètres environ de chemins, mais ce sont, à vrai dire, de simples traces, des pistes qui sont à peu près impraticables durant la saison des pluies. Toutefois le passage de quelques rivières est assuré par des ouvrages en pierres, en bois ou en fer.

Le canal de Kaw mesure 7,750 mètres et celui de la crique Fouillée 11,500 mètres, soit au total 19,250 mètres de canaux dont une partie d'ailleurs est inutilisable. La Guyane est cependant un pays où ces voies de communication devraient être d'autant plus multipliées que, tout en assurant les transports et les échanges, elles faciliteraient en outre les travaux de drainage. Il est à désirer que l'avenir fournisse à cette colonie les moyens matériels de procéder progressivement à des travaux qu'elle est, il faut le reconnaître, incapable d'entreprendre dans la situation actuelle.

Télégraphe. — Le câble télégraphique s'arrête à la Guyane anglaise. Un télégramme d'Europe peut séjourner pendant 10, 15 ou 20 jours à Démérari avant d'être acheminé sur Cayenne. En admettant même qu'il y ait coïncidence entre l'envoi du télégramme et le passage d'un navire à Démérari, il faudrait encore près de 4 jours à une dépêche pour parvenir de Paris à Cayenne.

A plusieurs reprises déjà on s'est préoccupé de remédier à cette situation : des pourparlers ont été engagés avec la Compagnie concessionnaire, mais toutes les tentatives sont venues échouer devant le refus opposé par la Guyane néerlandaise de participer à la subvention nécessaire. Tout récemment encore, les démarches ont été reprises, et il paraîtrait que, cette fois, elles auraient quelque chance d'aboutir.

A l'intérieur de la Guyane, une ligne télégraphique met en communication Cayenne et Saint-Laurent du Maroni, en passant par Kourou, Sinnamary, Iracoubo et Mana. Cette ligne aérienne, dont l'établissement a exigé de grands travaux, a été construite par l'Administration pénitentiaire, qui en assure l'entretien et l'exploitation. Elle est ouverte à la télégraphie privée et rend ainsi de très grands services aux habitants, dans un pays où les communications sont si lentes et si difficiles.

Budgets. — Le budget de la colonie, qui s'élève annuellement, tant en recettes qu'en dépenses, à environ 2 millions de francs, tire sa principale ressource du droit de sortie frappé sur l'or. Par suite de la dépopulation qui se produit et de l'état économique du pays, la situation financière de la colonie ne laisse pas que d'être un peu embarrassée. L'incendie de Cayenne est encore venu aggraver cette situation. Aussi, les sommes qui peuvent être annuellement consacrées aux travaux d'utilité publique sont-elles insuffisantes, et est-il devenu nécessaire de recourir à un emprunt.

Les budgets communaux ne sont pas, eux non plus, dans une situation bien brillante ; la plupart d'entre eux ne peuvent consacrer à l'exécution des travaux de viabilité que des crédits complètement insuffisants.

Situation monétaire. — Les monnaies françaises d'or et d'argent ont seules cours légal à la Guyane. La circulation du numéraire ne présente rien d'anormal, et si elle est relativement restreinte, la cause en est uniquement à ce que le public trouve plus commode d'avoir recours aux billets de la banque du pays, dont le papier jouit de la plus grande faveur.

La monnaie de bronze ordinaire existe bien à la Guyane, mais on la trouve plutôt dans les caisses publiques que dans la circulation. Depuis 1819, on se sert surtout d'une monnaie de billon spéciale qui porte le nom de *sou marqué* et à laquelle on a, conventionnellement, attribué une valeur de 10 centimes, alors que la valeur réelle est un peu inférieure. Cette monnaie spéciale de billon est très en faveur parmi la population créole, qui va jusqu'à la préférer à la monnaie divisionnaire en argent. Il avait été question, il y a quelques années, de démonétiser le *sou marqué ;* mais, devant le mécontentement que l'annonce de cette mesure avait provoqué, on a dû renoncer à ce projet. Le *sou marqué* est tellement enraciné dans les habitudes du pays que beaucoup de gens seraient incapables de fixer ou de reconnaître la valeur d'un objet si elle était exprimée autrement qu'en *sous marqués.*

Banque. — Une banque coloniale, semblable à celles qui fonctionnent aux Antilles, a été organisée à la Guyane depuis 1855. Son capital, formé par des actions nominatives, s'élève à 600,000 francs. La banque jouit du privilège de l'émission des billets payables à vue et au porteur, qui sont reçus dans les caisses publiques.

Actuellement, les opérations de la banque ont surtout pour objet la délivrance de traites sur la métropole et les avances sur l'or natif.

La situation de la Banque de la Guyane est prospère, ainsi qu'il ressort des documents officiels publiés chaque année relativement aux opérations effectuées par les banques coloniales.

Considérations générales sur le relèvement de la Guyane. — La situation économique de la Guyane présente à l'heure actuelle de bien grandes difficultés. Ces difficultés ont été encore aggravées par l'incendie qui a réduit en cendres toute l'ancienne ville de Cayenne, c'est-à-dire toute la partie commerçante de la ville actuelle. Il manque à la Guyane une population dont la densité soit en rapport avec son immense territoire. Il lui manque des bras pour ses mines et surtout pour son agriculture. Pour remédier au mal dont souffre la colonie, il faudrait, par le rétablissement de l'immigration, y introduire une population coloniale pouvant tirer parti des immenses richesses et des ressources naturelles de ces régions si méconnues jusqu'à ce jour. Il faudrait aussi que l'exploitation des placers, en se régularisant, permît d'organiser le travail sur des bases plus stables et qu'une partie au moins de la fortune recueillie dans les mines fût employée à créer de nouvelles industries et à concourir au relèvement de l'agriculture aujourd'hui si dépréciée.

Une Cayennaise.

Renseignements statistiques.

DÉPENSES

	Fr.	c.
Dépenses ordinaires :		
Chapitre I. — Gouvernement. Administration. .	143,308	50
Chap. II. — Justice et cultes.	41,785	50
Chap. III. — Instruction publique.	198,111	40
Chap. IV. — Services financiers	195,449	50
Chap. V. — Assistance publique.	214,027	98
Chap. VI. — Services divers.	140,617	90
Chap. VII. — Travaux publics.	434,859	»
Chap. VIII. — Dépenses diverses	129,672	»
Chap. IX. — — d'ordre.	229,000	»
Chap. X. — — d'exercices clos.	mémoire	
Dépenses extraordinaires.	276,541	99
Total général.	2,003,373	77

RECETTES

Recettes ordinaires : Contributions directes. .	92,500	»
— indirectes. .	1,113,500	»
Produits divers	667,000	»
Recettes extraordinaires.	130,373	77
Total général.	2,003,373	77

Bibliographie.

ANGLAVE. — *Les Coolies indiens et les nègres à la Guyane française.* Revue scientifique, 14 février 1880.

Dr ARMAND. — *La Guyane française et ses produits forestiers.* La Nature, septembre 1880.

ARRAINVILLE. — *Statistique agricole et commerciale de la Guyane.* Revue maritime et coloniale, 1876, t. XLIX.

BARBÉ-MARBOIS. — *Journal d'un déporté non jugé.* Paris, 1835, in-8°.

P. BARRÈRE. — *Nouvelle Relation de la France équinoxiale.* Paris, 1743, in-12.

BARVAUX. — *L'or à la Guyane française.* Revue maritime et coloniale, mai 1873.

ANTOINE BIET, PRÊTRE. — *Voyage de la France équinoxiale en l'île de Cayenne entrepris par les Français en l'an 1652.* Paris, F. Clouzier, 1664, in-4°.

DE LA BOUGLISE. — *Les placers de la Guyane française.* Journal officiel, 20-21-22 juin 1874.

BOUYER. — *Guyane française, notes et souvenirs.* Paris, Hachette, 1867, in-4°.

BOUYER. — *Voyage dans la Guyane française.* Tour du Monde, 1er sem. 1866.

P. BOYER Sr DU PETIT-PUY. — *Véritable relation de tout ce qui s'est passé au voyage de M. de Brétigny.* Paris, 1654, in-4°.

CHABAUD-ARMAND. — *La Guyane française et la province du Para.* Revue maritime et coloniale, mai 1876, t. L.

J. C. S. D. V. (J. CLODORÉ, SECRÉTAIRE DE VAISSEAU). — *Relation de ce qui s'est passé dans les îles et terres fermes de l'Amérique pendant la dernière guerre avec l'An-*

gleterre et depuis, en exécution du traité de Bréda, avec un journal du sieur de la Barre en la terre ferme et l'île de Cayenne. Paris, 1671, 2 vol. in-12.

Cochut. — *Colonisation de la Guyane.* Revue des Deux-Mondes, 1er août 1845.

H. Coudreau. — *Les Guyanes et l'Amazone* (avec atlas). Paris, Challamel, 1887.

Couy. — *Renseignements sur la navigation des côtes et des rivières de la Guyane.* Paris, P. Dupont, 1865, in-12.

J. Crevaux. — *Voyage au Maroni.* Bulletin de la Société de Géographie, novembre 1878.

J. Crevaux. — *Voyage d'exploration dans l'intérieur de la Guyane française.* Tour du Monde, 1er sem. 1879.

Jules de Crisenoy. — *De Rochefort à Cayenne, scènes de la vie marine.* Paris, 1863, in-8°.

Delteil. — *Voyage chez les Indiens de la Guyane.* Bulletin de la Société des sciences et des arts de la Réunion, 1870.

Durand. — *La Guyane française et le Brésil.* Julien Lanier, 1877, in-12.

J. Duval. — *La Guyane et ses ressources.* Revue des Deux-Mondes, 15 septembre 1861.

H. Feningre. — *Guyane française.* Lille, 1864, in-8°.

F. Hue. — *La Guyane française.* Paris, H. Lecène et H. Oudin, 1888.

J. de Laon sr d'Aigremont. — *Relation du voyage des Français fait au Cap Nord, en Amérique, par les soins de la Compagnie établie à Paris, sous la conduite de M. de Royville.* Paris, 1654, in-12.

Lejean. — *Intérieur de la Guyane.* Bulletin de la Société de Géographie, novembre 1856.

Loubère. — *Situation économique de la Guyane française en 1874.* Julien Lanier, 1875, in-12.

Dr Maurel. — *Histoire de la Guyane française*. Paris, Challamel, 1889.

De Montezon. — *Mission de Cayenne et de la Guyane française.* Julien Lanier, 1857, in-12.

Jean Moquet. — *Voyage en Afrique, Asie, Indes orientales et occidentales*. Paris, 1616, in-8°.

Moritz. — *La Colonie pénitentiaire de Saint-Laurent du Maroni.* Revue maritime et coloniale, mai 1880, t. LXVI.

Mourié. — *La Guyane française.* Paris, P. Dupont, 1874, in-12.

Sagot. — *Agriculture de la Guyane française.* Julien Lanier, 1874, in-8°.

Sagot. — *Généralités sur la Guyane française.* Cluny, 1874, in-8°.

Sagot. — *Exploitation des forêts de la Guyane.* Revue maritime et coloniale, août-septembre-octobre 1869.

A. Senez. — *Notice historique sur les établissements faits dans la Guyane.* Cayenne, 1821, in-8°.

Ternaux-Compans. — *Notice historique sur la Guyane française.* Paris, Didot, 1843, in-8°.

Thebault de la Monderie. — *Voyages faits dans l'intérieur de l'Oyapock de 1819 à 1847.* Nantes, 1856, in-8°.

André Thevet. — *Newfound world or Antartick.* London, Bynemand, 1568, in-4°.

— *The discovery of the empire of Guiana* perfomed by sir Walther Raleigh Knight. London, Robinson, 1596, in-4°.

Vidal. — *Voyage d'exploration dans le haut Maroni.* Revue maritime et coloniale, 1862.

X... — *Statistique de la Guyane.* Revue maritime et coloniale, mars et avril 1875.

X... — *Les Coolies à la Guyane française.* Revue scientifique, 21 juillet 1877.

Ministère de la Marine. — *Précis sur la colonisation des bords de la Mana.* Paris, 1835, in-8°.

Ministère de la Marine. — *Précis historique de l'expédition de Kourou.* Paris, 1842, in-8°.

Collections photographiques de l'Exposition permanente des colonies.

Collections photographiques de la Société de géographie : Album des mines de Saint-Élie.

Collections photographiques de M. Charvein.

Collections photographiques de M. Ebrard Saint-Ange.

NOUVEL ATLAS des COLONIES FRANÇAISES

GUYANE

PAR PAUL PELET – 1889 – N° 24

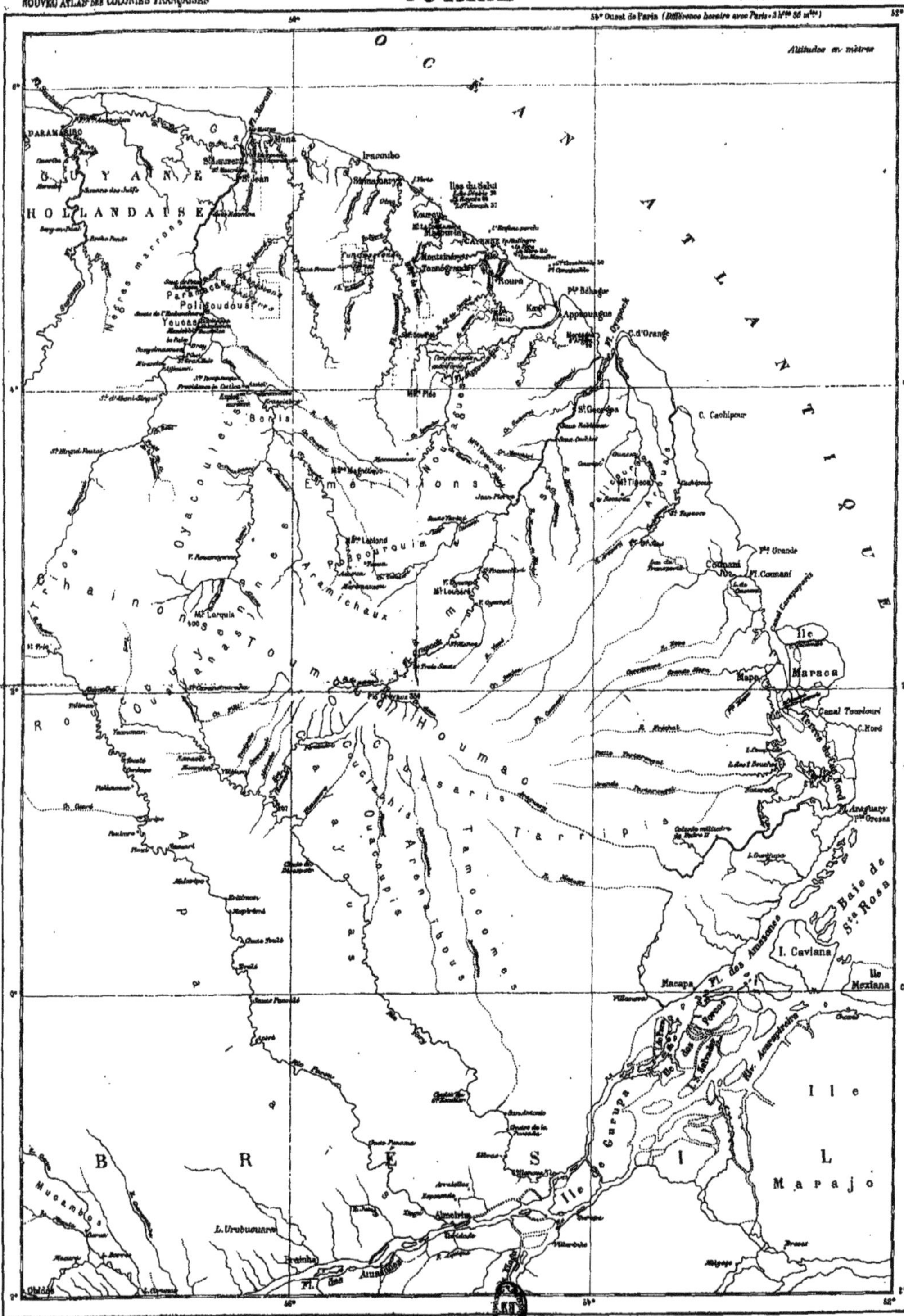

CHALLAMEL et Cie Editeurs, 5 rue Jacob, Paris.

Echelle de 1: 3 000 000 (1 millimètre = 3 kil.)

Gravé par R. Hausermann. Paris, Imp. Lemercier et Cie

les Colonies Françaises _ Maison QUANTIN Editeur, 7 rue St Benoit, Paris.

Paris. — Maison Quantin, 7, rue Saint-Benoît.

www.ingramcontent.com/pod-product-compliance
Ingram Content Group UK Ltd.
Pitfield, Milton Keynes, MK11 3LW, UK
UKHW031919260826
14628UKWH00003B/1297

9 782012 174818